# Parlo spagnolo

Manuale di conversazione
con pronuncia figurata



VALLARDI

Realizzazione editoriale a cura di Aster Studio, Milano

Antonio Vallardi Editore s.u.r.l.
Gruppo editoriale Mauri Spagnol
www.vallardi.it

Per essere informato sulle novità del Gruppo editoriale Mauri Spagnol visita:
www.illibraio.it

Prima edizione: 1995


Ristampe: 9 8 7 6 5 4 3 2
2027 2026 2025 2024

ISBN 978-88-6987-091-0

# SOMMARIO

# 1 • LA LINGUA ESSENZIALE



## Alfabeto, pronuncia e trascrizione

Lo spagnolo è parlato in una vastissima area geografica. Oltre che in Spagna, infatti, è diffuso nella maggior parte dei paesi dell'America centrale e meridionale. Nonostante alcune differenze di pronuncia, grammatica e lessico, la lingua vanta una sostanziale unità. Questo manuale si limita a considerare lo spagnolo parlato in Spagna. Per rendere più agevole la consultazione, la pronuncia figurata, data sempre in corsivo, è stata semplificata. L'alfabeto spagnolo comprende 28 lettere, 5 vocali e 23 consonanti, delle quali **ch, j, ll, ñ, x, y** sono estranee all'alfabeto italiano.
Si tenga conto che gli spagnoli tendono a «spagnolizzare» la pronuncia delle numerose parole straniere entrate nell'uso comune, a volte persino la grafia.

### Consonanti

| | | | |
|---|---|---|---|
| **b, f, l, m, n, p, r, t** | si pronunciano più o meno come in italiano | *b ,f, l, m, n, p, r, t* | **beso** *béso*<br>**mano** *máno*<br>**ratón** *ratón* |
| **c** | davanti ad **a**, **o**, **u**, davanti a consonante o in fine di parola si pronuncia come *c* gutturale in *casa;* | *k* | **cama** *káma*<br>**efecto** *efékto* |
| | davanti a **e**, **i** corrisponde più o meno al suono del *th* inglese in *think* | *θ* | **cerca** *θérka*<br>**relación** *relaθión* |
| **cc** | si trova solo davanti a **e**, **i**; le due *c* si pronunciano staccate, la prima come in casa, la seconda come il *th* di *think* | *kθ* | **acceder** *akθedér*<br>**acción** *akθión* |
| **ch** | si pronuncia come *c* palatale in *città* davanti a qualsiasi vocale | *c* | **muchacho** *muciácio*<br>**mochila** *mocíla* |
| **d** | si pronuncia come in italiano con un suono più debole quando è tra due vocali, ma in fine di parola ha un suono particolarmente debole | *d*<br>*(d)* | **dedo** *dédo*<br>**ciudad** *θiudá(d)* |

| | | | |
|---|---|---|---|
| **g** | davanti ad **a**, **o**, **u** e davanti a consonante si pronuncia come *g* gutturale in *gatto*; | *g* | **gana** *gána*<br>**granizo** *graníθo* |
| | davanti a **e**, **i** ha un suono aspirato come il *ch* tedesco in *Bach* | *χ* | **gestor** *χestór*<br>**giro** *χíro* |
| **gn** | le due consonanti si pronunciano staccate e la *g* è leggermente aspirata | *ghn* | **ignorante** *ighnoránte*<br>**magnífico** *maghnífiko* |
| **gue/gui** | si pronunciano come *ghe*, *ghi* in *righe*, *aghi* | *ghe*<br>*ghi* | **guerra** *ghérra*<br>**guitarra** *ghitárra* |
| **güe/güi** | si pronunciano come *gue*, *gui* in *guerra*, *guida* | *gue*<br><br>*gui* | **ambigüedad** *ambiguedá(d)*<br>**lingüística** *linguístika* |
| **h** | è muta | | **hombre** *ómbre* |
| **j** | davanti a qualsiasi vocale ha un suono aspirato come il *ch* tedesco in *Bach* | *χ* | **joven** *χóben*<br>**juguete** *χughéte* |
| **ll** | si pronuncia come *gl* palatale in *aglio*, ma tenendo la lingua staccata dal palato | *gl* | **calle** *káglie*<br>**llama** *gliáma* |
| **ñ** | si pronuncia come *gn* palatale in *gnomo* | *gn* | **año** *ágno*<br>**España** *espágna* |
| **que/qui** | si pronunciano come *che*, *chi* in *chela*, *chiamare* | *ke*<br>*ki* | **quemar** *kemár*<br>**aquí** *akí* |
| **s** | come *s* sorda in *sole* | *s* | **beso** *béso* |
| **sc** | davanti a e, i le due consonanti si pronunciano staccate (la *c* corrisponde al *th* di *think*) | *sθ* | **escena** *esθéna*<br>**piscina** *pisθína* |
| **v** | si pronuncia sempre come la consonante spagnola **b** | *b* | **voz** *boθ*<br>**cerveza** *θerbéθa* |
| **x** | si pronuncia sempre *ks* | *ks* | **examen** *eksámen* |
| **y** | tra due vocali ha un suono simile alla *g* in *già*; | *g* | **ayuda** *agiúda* |
| | in fine di parola e nella congiunzione **y** si pronuncia come la *i* italiana | *i* | **ley** *léi* |
| **z** | sia davanti a vocale che a consonante si pronuncia come il *th* di *think* | *θ* | **zapato** *θapáto*<br>**bizco** *bíθko* |

## Vocali

| | | | |
|---|---|---|---|
| **a, i, u** | si pronunciano come in italiano | *a*<br>*i*<br>*u* | **amigo** *amígo*<br>**isla** *ísla*<br>**unir** *unír* |
| **e** | generalmente si pronuncia chiusa come in *sera* | *e* | **dinero** *dinéro* |
| **o** | generalmente si pronuncia chiusa come in *pollo* | *o* | **olla** *óglia* |

## Accento

In spagnolo esiste un solo accento grafico: l'accento acuto (').
La presenza o meno di questo accento serve a indicare con esattezza su quale sillaba della parola cade l'accento tonico:

• se la parola presenta accento grafico, l'accento tonico cade sulla vocale accentata: **atmósfera** atmosfera → *atmósfera*; **raíz** radice → *raíθ*

• se non vi è alcun accento grafico, l'accento tonico cade:
- sulla penultima sillaba quando la parola termina in **n**, **s** o vocale: **quieren** vogliono → *kiéren*; **lejos** lontano → *léxos*; **rubio** biondo → *rúbio*
- sull'ultima sillaba se la parola termina in consonante diversa da **n** o **s**: **ciudad** città → *θiudá(d)*; **color** colore → *kolór*

Nella nostra trascrizione fonetica un accento acuto indica la vocale su cui si deve far cadere l'accento tonico.

# Numeri

## Cardinali

| | | |
|---|---|---|
| 0 | **cero** | *θéro* |
| 1 | **uno/a** | *úno* |
| 2 | **dos** | *dos* |
| 3 | **tres** | *tres* |
| 4 | **cuatro** | *kuátro* |
| 5 | **cinco** | *θínko* |
| 6 | **seis** | *séis* |
| 7 | **siete** | *siéte* |

| | | |
|---|---|---|
| 8 | **ocho** | *ócio* |
| 9 | **nueve** | *nuébe* |
| 10 | **diez** | *diéθ* |
| 11 | **once** | *ónθe* |
| 12 | **doce** | *dóθe* |
| 13 | **trece** | *tréθe* |
| 14 | **catorce** | *katórθe* |
| 15 | **quince** | *kínθe* |
| 16 | **dieciséis** | *dieθiséis* |
| 17 | **diecisiete** | *dieθisiéte* |
| 18 | **dieciocho** | *dieθiócio* |
| 19 | **diecinueve** | *dieθinuébe* |
| 20 | **veinte** | *béinte* |
| 21 | **veintiuno/a** | *beintiúno/a* |
| 22 | **veintidós** | *beintidós* |
| 30 | **treinta** | *tréinta* |
| 31 | **treinta y uno/a** | *tréinta i úno/a* |
| 40 | **cuarenta** | *kuarénta* |
| 50 | **cincuenta** | *θinkuénta* |
| 60 | **sesenta** | *sesénta* |
| 70 | **setenta** | *seténta* |
| 80 | **ochenta** | *océnta* |
| 90 | **noventa** | *nobénta* |
| 100 | **cien** | *θién* |
| 101 | **ciento uno** | *θiénto úno* |
| 200 | **doscientos/as** | *dosθiéntos/as* |
| 300 | **trescientos/as** | *tresθiéntos/as* |
| 400 | **cuatrocientos/as** | *kuatroθiéntos/as* |
| 500 | **quinientos/as** | *kiniéntos/as* |
| 600 | **seiscientos/as** | *seisθiéntos/as* |
| 700 | **setecientos/as** | *seteθiéntos/as* |
| 800 | **ochocientos/as** | *ocioθiéntos/as* |
| 900 | **novecientos/as** | *nobeθiéntos/as* |
| 1000 | **mil** | *mil* |
| 2000 | **dos mil** | *dos mil* |
| 100.000 | **cien mil** | *θién mil* |

| | | |
|---|---|---|
| 200.000 | **doscientos mil** | *dosθiéntos mil* |
| 1.000.000 | **un millón** | *un miglión* |
| 2.000.000 | **dos millones** | *dos migliónes* |
| 1.000.000.000 | **mil millones** | *mil migliónes* |

## Ordinali

| | | |
|---|---|---|
| primo | **primero/primer** | *priméro/primér* |
| secondo | **segundo** | *segúndo* |
| terzo | **tercero/tercer** | *terθéro/terθér* |
| quarto | **cuarto** | *kuárto* |
| quinto | **quinto** | *kínto* |
| sesto | **sexto** | *séksto* |
| settimo | **séptimo** | *séptimo* |
| ottavo | **octavo** | *oktábo* |
| nono | **nono/noveno** | *nóno/nobéno* |
| decimo | **décimo** | *déθimo* |
| undicesimo | **undécimo/ decimoprimero** | *undéθimo/ deθimopriméro* |
| dodicesimo | **duodécimo/ decimosegundo** | *duodéθimo/ deθimosegúndo* |
| tredicesimo | **decimotercero** | *deθimoterθéro* |
| quattordicesimo | **decimocuarto** | *deθimokuárto* |
| quindicesimo | **decimoquinto** | *deθimokínto* |
| sedicesimo | **decimosexto** | *deθimoséksto* |
| diciassettesimo | **decimoséptimo** | *deθimoséptimo* |
| diciottesimo | **decimoctavo** | *deθimoktábo* |
| diciannovesimo | **decimonono** | *deθimonóno* |
| ventesimo | **vigésimo** | *biχésimo* |
| ventunesimo | **vigésimo primero** | *biχésimo priméro* |
| trentesimo | **trigésimo** | *triχésimo* |
| trentunesimo | **trigésimo primero** | *triχésimo priméro* |
| quarantesimo | **cuadragésimo** | *kuadraχésimo* |
| cinquantesimo | **quincuagésimo** | *kinkuaχésimo* |
| sessantesimo | **sexagésimo** | *seksaχésimo* |
| settantesimo | **septuagésimo** | *septuaχésimo* |
| ottantesimo | **octogésimo** | *oktoχésimo* |
| novantesimo | **nonagésimo** | *nonaχésimo* |
| centesimo | **centésimo** | *θentésimo* |
| millesimo | **milésimo** | *milésimo* |

*Frazioni*

Se il denominatore è minore o uguale a 10, si usano gli ordinali, a eccezione di «mezzo» e «terzo» che si traducono rispettivamente con **medio** e **tercio.** Se il denominatore è maggiore di 10, si usa il numero cardinale cui si aggiunge la desinenza **avo(s)**, a eccezione di «un centesimo», «un millesimo», «un decimillesimo»... che si traducono rispettivamente con **un centésimo, un milésimo, un diezmilésimo...**

| | | |
|---|---|---|
| un mezzo | **un medio** | *un médio* |
| due terzi | **dos tercios** | *dos térθios* |
| tre quarti | **tres cuartos** | *tres kuártos* |
| un dodicesimo | **un doceavo** | *un doθeábo* |
| tredici trentesimi | **trece treintavos** | *tréθe treintábos* |
| cinque centesimi | **cinco centavos** | *θínko θentábos* |
| mezz'ora | **media hora** | *média óra* |
| mezzo pane | **medio pan** | *médio pan* |
| due ore e mezzo | **dos horas y media** | *dos óras i média* |
| un'ora e un quarto | **una hora y cuarto** | *úna óra i kuárto* |

## Operazioni aritmetiche

| | | |
|---|---|---|
| addizione | **suma** | *súma* |
| 3 + 5 = 8 | **tres más cinco es igual a ocho** | *tres mas θínko es iguál a ócio* |
| sottrazione | **resta** | *résta* |
| 6 – 4 = 2 | **seis menos cuatro es igual a dos** | *séis ménos kuátro es iguál a dos* |
| moltiplicazione | **multiplicación** | *multiplikaθión* |
| 2 x 5 = 10 | **dos por cinco es igual a diez** | *dos por θínko es iguál a diéθ* |
| divisione | **división** | *dibisión* |
| 15 : 3 = 5 | **quince dividido por tres es igual a cinco** | *kínθe dibidído por tres es iguál a θínko* |
| cifra | **cifra** | *θífra* |
| sommare | **sumar** | *sumár* |
| sottrarre | **restar** | *restár* |
| moltiplicare | **multiplicar** | *multiplikár* |
| dividere | **dividir** | *dibidír* |
| 2,5 | **dos coma cinco** | *dos kóma θínko* |

| | | |
|---|---|---|
| metà | **mitad** | *mitá(d)* |
| decina | **unos diez** | *únos diéθ* |
| decina (dieci unità) | **decena** | *deθéna* |
| dozzina | **unos doce** | *únos dóθe* |
| dozzina (dodici unità) | **docena** | *doθéna* |
| mezza dozzina | **media docena** | *média doθéna* |
| quindicina | **unos quince** | *únos kínθe* |
| ventina | **unos veinte** | *únos béinte* |
| trentina | **unos treinta** | *únos tréinta* |
| cinquantina | **unos cincuenta** | *únos θinkuénta* |
| centinaio | **centenar/ciento** | *θentenár/θiénto* |
| centinaio (cento unità) | **centena** | *θenténa* |
| migliaio | **millar** | *migliár* |
| migliaia | **miles** | *míles* |
| percentuale | **porcentaje** | *porθentáχe* |
| il 20% | **el veinte por ciento** | *el béinte por θiénto* |

## Pesi

| | | |
|---|---|---|
| grammo | **gramo** | *grámo* |
| etto | **cien gramos** | *θién grámos* |
| 250 grammi | **un cuarto de kilo/ doscientos cincuenta gramos** | *un kuárto de kílo/ dosθiéntos θinkuénta grámos* |
| tre etti e mezzo | **trescientos cincuenta gramos** | *tresθiéntos θinkuénta grámos* |
| mezzo chilo | **medio kilo/ quinientos gramos** | *médio kílo/ kiniéntos grámos* |
| 750 grammi | **tres cuartos de kilo/ setecientos cincuenta gramos** | *tres kuártos de kílo/ seteθiéntos θinkuénta grámos* |
| chilo | **kilo** | *kílo* |
| quintale | **quintal** | *kintál* |
| tonnellata | **tonelada** | *toneláda* |
| peso | **peso** | *péso* |
| peso lordo | **peso bruto** | *péso brúto* |
| peso netto | **peso neto** | *péso néto* |

| | | |
|---|---|---|
| Quanto pesi? | **¿Cuánto pesas?** *kuánto pésas* | |
| Peso 50 chili | **Peso cincuenta kilos** *péso θinkuénta kílos* | |
| Quanto pesa la valigia? | **¿Cuánto pesa la maleta?** *kuánto pésa la maléta* | |
| Questa valigia pesa 24 chili | **Esta maleta pesa veinticuatro kilos** *ésta maléta pésa beintikuátro kílos* | |
| Per favore vorrei due chili di arance, un etto di prosciutto e mezzo chilo di pomodori | **Por favor quisiera dos kilos de naranjas, cien gramos de jamón, medio kilo de tomates** *por fabór kisiéra dos kílos de naránχas, θién grámos de χamón, médio kílo de tomátes* | |

## Misure

| | | |
|---|---|---|
| altezza | **altura** | *altúra* |
| area/superficie | **área/superficie** | *área/superfíθie* |
| capacità | **capacidad** | *kapaθidá(d)* |
| lunghezza | **longitud** | *lonχitú(d)* |
| misura | **medida** | *medída* |
| spessore | **espesor/grosor** | *espesór/grosór* |
| volume | **volumen** | *bolúmen* |

### Lunghezza

| | | |
|---|---|---|
| millimetro | **milímetro** | *milímetro* |
| centimetro | **centímetro** | *θentímetro* |
| metro | **metro** | *métro* |
| chilometro | **kilómetro** | *kilómetro* |

| | |
|---|---|
| Quanti chilometri ci sono per Madrid? | **¿Cuántos kilómetros hay/quedan para Madrid?** *kuántos kilómetros ái/kédan pára madrí(d)* |
| **Hay/Quedan todavía treinta kilómetros** *ái/kédan todabía tréinta kilómetros* | Ci sono ancora 30 chilometri |
| Quant'è alto questo palazzo? | **¿Qué altura tiene/Cuánto mide este edificio?** *ke altúra tiene/kuánto míde éste edifíθio* |

| | |
|---|---|
| **El edificio tiene una altura de/mide veinticinco metros**<br>*el edifíθio tiéne úna altúra de/míde beintiθínko métros* | Il palazzo è alto 25 metri |

| | |
|---|---|
| Quant'è largo/lungo? | **¿Qué anchura/longitud tiene?**<br>*ke anciúra/lonχitú(d) tiéne* |
| Quant'è distante? | **¿A qué distancia está?**<br>*a ke distánθia está* |

| | |
|---|---|
| **Mide cuatro metros por dos**<br>*míde kuátro métros por dos* | Misura 4 metri per 2 |

## Superficie

| | | |
|---|---|---|
| centimetro quadrato | **centímetro cuadrado** | *θentímetro kuadrádo* |
| metro quadrato | **metro cuadrado** | *métro kuadrádo* |
| ettaro | **hectárea** | *ektárea* |

## Volume

| | | |
|---|---|---|
| centimetro cubo | **centímetro cúbico** | *θentímetro kúbiko* |
| metro cubo | **metro cúbico** | *métro kúbiko* |

## Capacità

| | | |
|---|---|---|
| litro | **litro** | *lítro* |
| millilitro | **mililitro** | *mililítro* |
| centilitro | **centilitro** | *θentilítro* |
| quarto di litro | **cuarto de litro** | *kuárto de lítro* |
| mezzo litro | **medio litro** | *médio lítro* |

# Colori

| | | |
|---|---|---|
| arancione | **naranja** | *naránχa* |
| azzurro | **azul** | *aθúl* |
| beige | **beis** | *béis* |
| bianco | **blanco** | *blánko* |
| blu | **azul marino** | *aθúl maríno* |
| celeste | **celeste** | *θeléste* |
| giallo | **amarillo** | *amaríglio* |
| grigio | **gris** | *gris* |

| | | |
|---|---|---|
| lilla | **lila** | *líla* |
| marrone | **marrón** | *marrón* |
| nero | **negro** | *négro* |
| rosa | **rosa** | *rósa* |
| rosso | **rojo** | *róχo* |
| turchese | **turquesa** | *turkésa* |
| verde | **verde** | *bérde* |
| viola | **morado** | *morádo* |
| biondo | **rubio** | *rúbio* |
| bruno | **moreno** | *moréno* |
| castano | **castaño** | *kastágno* |
| chiaro | **claro** | *kláro* |
| colorato | **coloreado** | *koloreádo* |
| scuro | **oscuro** | *oskúro* |

## Che ore sono?

| | | |
|---|---|---|
| minuto | **minuto** | *minúto* |
| secondo | **segundo** | *segúndo* |
| ora | **hora** | *óra* |
| legale | **legal** | *legál* |
| solare | **solar** | *solár* |
| mezz'ora | **media hora** | *média óra* |
| quarto d'ora | **cuarto de hora** | *kuárto de óra* |

Che ore sono? — **¿Qué hora es?**
*ke óra es*

Sono le cinque — **Son las cinco**
*son las θínko*

Sono le sei di sera — **Son las seis de la tarde**
*son las séis de la tárde*

Sono le venti e dodici — **Son las veinte (horas) doce minutos**
*son las béinte (óras) dóθe minútos*

Sono le tre e un quarto — **Son las tres y cuarto**
*son las tres i kuárto*

Sono le tre e mezzo — **Son las tres y media**
*son las tres i média*

| | |
|---|---|
| Sono le quattro meno venti | **Son las cuatro menos veinte**<br>*son las kuátro ménos béinte* |
| È mezzanotte | **Es medianoche**<br>*es medianóce* |
| A che ora apre/chiude il negozio? | **¿A qué hora abre/cierra la tenda?**<br>*a ke óra ábre/θiérra la tiénda* |

| | |
|---|---|
| **La tienda abre/cierra a las ocho**<br>*la tiénda ábre/θiérra a las ócio* | Il negozio apre/chiude alle otto |

| | |
|---|---|
| A che ora ci vediamo? | **¿A qué hora nos vemos?**<br>*a ke óra nos bémos* |

| | |
|---|---|
| **Nos vemos dentro de media hora**<br>*nos bémos déntro de média óra* | Ci vediamo tra mezz'ora |
| **Hacia las dos** • *áθia las dos* | Verso le due |

| | |
|---|---|
| Sono arrivato tre ore fa | **He llegado hace tres horas**<br>*e gliegádo áθe tres óras* |
| Pranziamo verso le tredici | **Comemos hacia la una**<br>*skomémos áθia la úna* |

## Che giorno è oggi?

### Calendario

| | | |
|---|---|---|
| **ieri** | **ayer** | *agiér* |
| ieri sera | **anoche** | *anóce* |
| **l'altro ieri** | **avant-hier** | *avãntièr* |
| l'altro ieri sera | **anteanoche** | *anteanóce* |
| **oggi** | **hoy** | *ói* |
| **domani** | **mañana** | *magnána* |
| **dopodomani** | **pasado mañana** | *pasádo magnána* |
| **giorno** | **día** | *día* |
| feriale | **laborable** | *laboráble* |
| festivo | **festivo** | *festíbo* |
| giorno e notte | **día y noche** | *día i nóce* |
| **settimana** | **semana** | *semána* |
| fine settimana | **fin de semana** | *fin de semána* |

| | | |
|---|---|---|
| settimanale | **semanal** | *semanál* |
| mese | **mes** | *mes* |
| trimestre | **trimestre** | *triméstre* |
| semestre | **semestre** | *seméstre* |
| stagione | **estación** | *estaθión* |
| anno | **año** | *ágno* |
| anno bisestile | **año bisiesto** | *ágno bisiésto* |
| decennio | **decenio** | *deθénio* |
| secolo | **siglo** | *síglo* |
| millennio | **milenio** | *milénio* |
| tempo | **tiempo** | *tiémpo* |

## Parti del giorno

| | | |
|---|---|---|
| alba | **amanecer/alba** | *amaneθér/álba* |
| mattino | **mañana** | *magnána* |
| primo mattino | **por la mañana/ temprano** | *por la magnána/ tempráno* |
| stamattina | **esta mañana** | *ésta magnána* |
| mezzogiorno | **mediodía** | *mediodía* |
| a mezzogiorno | **a mediodía** | *a mediodía* |
| pomeriggio | **tarde** | *tárde* |
| tramonto | **atardecer** | *atardeθér* |
| sera | **noche** | *nóce* |
| stasera | **esta noche** | *ésta nóce* |
| notte | **noche** | *nóce* |
| stanotte | **esta noche** | *ésta nóce* |
| mezzanotte | **medianoche** | *medianóce* |
| a mezzanotte | **a medianoche** | *a medianóce* |

## Giorni della settimana

| | | |
|---|---|---|
| lunedì | **lunes** | *lúnes* |
| martedì | **martes** | *mártes* |
| mercoledì | **miércoles** | *miérkoles* |
| giovedì | **jueves** | *χuébes* |
| venerdì | **viernes** | *biérnes* |
| sabato | **sábado** | *sábado* |
| domenica | **domingo** | *domíngo* |

## Mesi

| | | |
|---|---|---|
| gennaio | **enero** | *enéro* |
| febbraio | **febrero** | *febréro* |
| marzo | **marzo** | *márθo* |
| aprile | **abril** | *abríl* |
| maggio | **mayo** | *mágio* |
| giugno | **junio** | *χúnio* |
| luglio | **julio** | *χúlio* |
| agosto | **agosto** | *agósto* |
| settembre | **septiembre** | *septiémbre* |
| ottobre | **octubre** | *oktúbre* |
| novembre | **noviembre** | *nobiémbre* |
| dicembre | **diciembre** | *diθiémbre* |

## Stagioni

| | | |
|---|---|---|
| primavera | **primavera** | *primabéra* |
| in primavera | **en primavera** | *en primabéra* |
| primaverile | **primaveral** | *primaberál* |
| estate | **verano** | *beráno* |
| in estate | **en verano** | *en beráno* |
| estivo | **estival/veraniego** | *estibál/beraniégo* |
| autunno | **otoño** | *otógno* |
| d'autunno | **en otoño** | *en otógno* |
| autunnale | **otoñal** | *otognál* |
| inverno | **invierno** | *inbiérno* |
| d'inverno | **en invierno** | *en inbiérno* |
| invernale | **invernal** | *inbernál* |

La settimana scorsa/prossima — **La semana pasada/que viene** *la semána pasáda/ke biéne*

Questa settimana — **Esta semana** • *ésta semána*

Domenica ventura — **El próximo domingo** • *el próksimo domíngo*

Il mese scorso — **El mes pasado** • *el mes pasádo*

L'anno prossimo — **El año que viene** • *el ágno ke biéne*

Nel prossimo anno — **Durante el año que viene** *duránte el ágno ke biéne*

| | |
|---|---|
| Due giorni/Una settimana fa | **Hace dos días/una semana**<br>*áθe dos días/úna semána* |
| Da tre giorni | **Desde hace tres días**<br>*désde áθe tres días* |
| Per tre giorni | **Durante tres días**<br>*duránte tres días* |
| Fra un anno/ due giorni | **Dentro de un año/dos días**<br>*déntro de un ágno/dos días* |
| Entro tre settimane | **Dentro de tres semanas**<br>*déntro de tres semánas* |
| Ai primi di agosto | **A primeros de agosto**<br>*a priméros de agósto* |
| Durante il fine settimana | **Durante el fin de semana**<br>*duránte el fin de semána* |
| Ogni giorno | **Cada día** • *káda día* |
| Ogni tre giorni | **Cada tres días** • *káda tres días* |
| Ogni tanto | **De vez en cuando**<br>*de beθ en kuándo* |
| Due volte alla settimana | **Dos veces a la semana**<br>*dos béθes a la semána* |
| Una volta al mese | **Una vez al mes**<br>*úna beθ al mes* |

## Data

Che giorno è oggi? **¿Qué día es hoy?** • *ke día es ói*

**Hoy es marte**
*ói es mártes*
Oggi è martedì

Quanti ne abbiamo oggi? **¿A cuántos estamos hoy?**
*a kuántos estámos ói*

**Estamos a veinte de enero**
*estámos a béinte de enéro*
È il 20 gennaio

**Hoy es el uno de marzo**
*ói es el úno de márθo*
Oggi è il primo marzo

| | | |
|---|---|---|
| È successo il 14 gennaio | **Pasó el catorce de enero**<br>*pasó el katórθe de enéro* |
| Quando sei nato? | **¿Cuándo naciste?** • *kuándo naθíste* |
| Sono nato il 9 settembre 1986 | **Nací el nueve de septiembre de mil novecientos ochenta y seis**<br>*naθí el nuébe de septiémbre de mil nobeθiéntos océnta i séis* |
| Quand'è il tuo compleanno? | **¿Cuándo es tu cumpleaños?**<br>*kuándo es tu kumpleágnos* |
| Il mio compleanno è il 20 maggio | **Mi cumpleaños es el veinte de mayo**<br>*mi kumpleágnos es el béinte de mágio* |
| Saremo a Siviglia dal 14 al 23 giugno | **Estaremos/Nos quedaremos en Sevilla del catorce al veintitrés de junio**<br>*estarémos/nos kedarémos en sebíglia del katórθe al beintitrés de χúnio* |
| Da giugno a settembre | **De/Desde junio a/hasta septiembre**<br>*de/désde χúnio a/ásta septiémbre* |
| Nel 1990 | **En mil novecientos noventa**<br>*en mil nobeθiéntos nobénta* |
| Nel gennaio del 2013 | **En enero de dosmiltrece** • *en enéro de dosmiltréθe* |
| Nel secolo scorso | **En el siglo pasado** • *en el síglo pasádo* |
| Nel II secolo a.C./d.C. | **En el segundo siglo antes de Cristo/ después de Cristo**<br>*en el segúndo síglo ántes de krísto/después de krísto* |

## Feste e ricorrenze

| | | |
|---|---|---|
| anniversario | **aniversario/ cumpleaños** | *aniversário/ kumpleágnos* |
| compleanno | **cumpleaños** | *kumpleágnos* |
| onomastico | **santo** | *sánto* |
| Avvento | **Adviento** | *adbiénto* |
| Capodanno | **Año Nuevo** | *ágno nuébo* |
| carnevale | **carnaval** | *karnabál* |
| martedì grasso | **martes gordo** | *mártes górdo* |

| | | |
|---|---|---|
| Ceneri | **Miércoles de Ceniza** | *miérkoles de θeníθa* |
| Festa del lavoro (1° maggio) | **día del Trabajo** | *día del trabáχo* |
| Natale | **Navidad** | *nabidá(d)* |
| Vigilia di Natale | **Nochebuena** | *nocebuéna* |
| Santo Stefano | **San Estéban** | *san estéban* |
| Ognissanti | **Todos los Santos** | *tódos los sántos* |
| Pasqua | **Pascua** | *páskua* |
| Lunedì dell'Angelo | **Lunes de Pascua** | *lúnes de páskua* |
| Venerdì santo | **Viernes santo** | *biérnes sánto* |
| Pentecoste | **Pentecostés** | *pentekostés* |
| Quaresima | **Cuaresma** | *kuarésma* |

| | | |
|---|---|---|
| **Día de la Hispanidad** | *día de la ispanidá(d)* | 12 ottobre: commemorazione della scoperta dell'America |
| **Día de la Constitución** | *día de la konstituθión* | 6 dicembre: anniversario della Costituzione |

## Età

| | |
|---|---|
| Quanti anni hai? | **¿Cuántos años tienes?** *kuántos ágnos tiénes* |
| Ho 32 anni | **Tengo treinta y dos años** *téngo tréinta i dos ágnos* |
| Compio 20 anni in maggio | **Cumpliré veinte años en mayo** *kumpliré béinte ágnos en mágio* |

# Che tempo fa?

| | | |
|---|---|---|
| acquazzone | **aguacero** | *aguaθéro* |
| afa | **bochorno** | *bociórno* |
| afoso | **bochornoso** | *bociornóso* |
| arcobaleno | **arcoiris** | *arkoíris* |
| atmosfera | **atmósfera** | *atmósfera* |
| barometro | **barómetro** | *barómetro* |

| | | |
|---|---|---|
| **bollettino meteorologico** | **informe meteorológico** | *infórme meteorolóχiko* |
| **brina** | **escarcha** | *eskárcia* |
| **bufera** | **tormenta** | *torménta* |
| **ciclone** | **ciclón** | *θiklón* |
| **cielo** | **cielo** | *θiélo* |
| coperto/nuvoloso | **cubierto/nublado** | *kubiérto/nubládo* |
| sereno | **sereno/despejado** | *seréno/despeχádo* |
| stellato | **estrellado** | *estregliádo* |
| **clima** | **clima** | *klíma* |
| continentale | **continental** | *kontinentál* |
| fresco | **fresco** | *frésko* |
| mediterraneo | **mediterráneo** | *mediterráneo* |
| secco | **seco** | *séko* |
| temperato | **templado** | *templádo* |
| tropicale | **tropical** | *tropikál* |
| **foschia** | **neblina/calina** | *neblína/kalína* |
| **fulmine** | **rayo** | *rágio* |
| **gelare** | **helar** | *elár* |
| **grandine** | **granizo** | *granίθo* |
| **lampo** | **relámpago** | *relámpago* |
| **maltempo** | **maltempo** | *maltiémpo* |
| **mareggiata** | **marejada** | *mareχáda* |
| **nebbia** | **niebla** | *niébla* |
| nebbioso | **brumoso** | *brumóso* |
| **neve** | **nieve** | *niébe* |
| nevicare | **nevar** | *nebár* |
| nevoso | **nevado** | *nebádo* |
| **nuvola** | **nube** | *núbe* |
| **pioggia** | **lluvia** | *gliúbia* |
| piovere | **llover** | *gliobér* |
| gocce di pioggia | **gotas de lluvia** | *gótas de gliúbia* |
| **previsioni** | **previsiones** | *prebisiónes* |
| **soleggiato** | **soleado** | *soleádo* |
| **temperatura** | **temperatura** | *temperatúra* |
| massima/minima | **máxima/mínima** | *máksima/mínima* |
| media | **media** | *média* |
| **tempo** | **tiempo** | *tiémpo* |

| | | |
|---|---|---|
| temporale | **chubasco** | *ciubásko* |
| termometro | **termómetro** | *termómetro* |
| tuono | **trueno** | *truéno* |
| umidità | **humedad** | *umedá(d)* |
| umido | **húmedo** | *úmedo* |
| uragano | **huracán** | *urakán* |
| vento | **viento** | *biénto* |
| forte | **fuerte** | *fuérte* |
| debole | **débil** | *débil* |

| | |
|---|---|
| Che tempo fa? | **¿Qué tiempo hace hoy?** • *ke tiémpo áθe ói* |
| Fa bello | **Hace buen tiempo** • *áθe buén tiémpo* |
| È brutto tempo | **Hace mal tiempo** • *áθe mal tiémpo* |
| Fa caldo/freddo | **Hace calor/frío** • *áθe kalór/frío* |
| Piove/Nevica | **Está lloviendo/nevando**<br>*está gliobiéndo/nebándo* |
| Piove a dirotto | **Llueve a cántaros**<br>*gliuébe a kántaros* |
| C'è vento/C'è il sole | **Hace aire/Hace sol**<br>*áθe áire/áθe sol* |
| Il mare è mosso/calmo | **El mar está bravo/en calma**<br>*el mar está brábo/en kálma* |
| Quanti gradi ci sono? | **¿A cuántos grados estamos?**<br>*a kuántos grádos estámos* |

| | |
|---|---|
| **A un grado/A un grado bajo cero**<br>*a un grádo/a un grádo báχo θéro* | Un grado sopra/ sotto zero |
| **Estamos a veinte grados**<br>*estámos a béinte grádos* | Ci sono venti gradi |
| **Treinta grados a la sombra**<br>*tréinta grádos a la sómbra* | Trenta gradi all'ombra |

| | |
|---|---|
| Che cosa dicono le previsioni? | **¿Qué dice el pronóstico del tiempo?**<br>*ke díθe el pronóstiko del tiémpo* |

| | |
|---|---|
| **El informe pronostica mal/buen tiempo**<br>*el infórme pronostíka mal/buén tiémpo* | Il bollettino prevede brutto/bel tempo |

## Segnali e avvisi

I cartelli e i segnali stradali sono ampiamente trattati in *Auto*, nella sezione *3. In viaggio*. Altri segnali e avvisi relativi ad aereo, treno e trasporti urbani sono riportati negli specifici paragrafi.

| | | |
|---|---|---|
| **Abierto** | *abiérto* | Aperto |
| **Aduana** | *aduána* | Dogana |
| **Agotado** | *agotádo* | Esaurito |
| **Aire acondicionado** | *áire akondiθionádo* | Aria condizionata |
| **Al paso** | *al páso* | Rallentare |
| **Ambulancia** | *ambulánθia* | Ambulanza |
| **Aparcamiento (de pago)** | *aparkamiénto (de págo)* | Parcheggio (a pagamento) |
| **Bienvenidos** | *bienbenídos* | Benvenuti |
| **Bomberos** | *bombéros* | Pompieri |
| **Caballeros** | *kabagliéros* | Signori |
| **Caja** | *káχa* | Cassa |
| **Calle/avenida** | *káglie/abenída* | Via/viale |
| **Cerrado** | *θerrádo* | Chiuso |
| **Cerrado por vacaciones** | *θerrádo por bakaθiónes* | Chiuso per ferie |
| **Completo** | *compléto* | Completo |
| **Consigna de equipajes** | *konsíghna de ekipáχes* | Deposito bagagli |
| **Cuidado** | *kuidádo* | Attenzione |
| **Cuidado con el perro** | *kuidádo kon el pérro* | Attenti al cane |
| **Día de descanso** | *día de deskánso* | Giorno di riposo |
| **Dirigirse a…** | *diriχírse a…* | Rivolgersi a… |
| **Empujar** | *empuχár* | Spingere |
| **En caso de incendio no usen el ascensor** | *en káso de inθéndio no úsen el asθensór* | Non usare l'ascensore in caso d'incendio |
| **En venta** | *en bénta* | In vendita |
| **Entrada** | *entráda* | Entrata |
| **Entrada libre** | *entráda líbre* | Entrata libera |
| **Escalera mecánica** | *eskaléra mekánika* | Scala mobile |
| **Escaleras** | *eskaléras* | Scale |
| **Fuera de servicio** | *fuéra de serbíθio* | Fuori servizio |
| **Frágil** | *fráχil* | Fragile |
| **Guardarropa** | *guardarrópa* | Guardaroba |

| | | |
|---|---|---|
| **Guardias municipales** | *guárdias muniθipáles* | Vigili urbani |
| **Habitaciones (de alquiler)** | *abitaθiónes (de alkilér)* | Camere (in affitto) |
| **Horario continuado** | *orário kontinuádo* | Orario continuato |
| **Hospital** | *ospitál* | Ospedale |
| **Huelga** | *uélga* | Sciopero |
| **Inflamable** | *inflamáble* | Infiammabile |
| **Informaciones** | *informaθiónes* | Informazioni |
| **No funciona** | *no funθióna* | Fuori servizio/guasto |
| **No molesten** | *no molésten* | Non disturbare |
| **No pisen el césped** | *no písen el θésped* | Non calpestare le aiuole |
| **Obras** | *óbras* | Lavori in corso |
| **Oficina de turismo** | *ofiθína de turísmo* | Ufficio del turismo |
| **Para minusválidos** | *pára minusbálidos* | Per invalidi |
| **Pasen** | *pásen* | Avanti! |
| **Paso inferior para peatones** | *páso inferiór pára peatónes* | Sottopassaggio pedonale |
| **Paso peatonal** | *páso peatonál* | Passaggio pedonale |
| **Peligro de muerte** | *pelígro de muérte* | Pericolo di morte |
| **Policia de tráfico** | *poliθía de tráfiko* | Polizia stradale |
| **Preste atención a sus pertenencias** | *préste atenθión a sus pertenénθias* | Fare attenzione ai propri oggetti personali |
| **Privado** | *pribádo* | Privato |
| **Prohibida la entrada** | *proibída la entráda* | Vietato l'accesso |
| **Prohibido bañarse** | *proibído bagnárse* | Divieto di balneazione |
| **Prohibido el paso** | *proibído el páso* | Divieto di transito |
| **Prohibido fumar** | *proibído fumár* | Vietato fumare |
| **Prohibido pisar el césped** | *proibído pisár el θésped* | Non calpestare le aiuole |
| **Prohibido tirar basura** | *proibído tirár basúra* | Vietato gettare i rifiuti |
| **Prohibido tocar** | *proibído tokar* | Non toccare |
| **Recién pintado** | *reθién pintádo* | Vernice fresca |
| **Reservado** | *reserbádo* | Riservato |
| **Salida** | *salída* | Uscita |
| **Salida de emergencia** | *salída de emerχénθia* | Uscita d'emergenza |
| **Se alquila** | *se alkíla* | Affittasi |
| **Se vende** | *se bénde* | Vendesi |
| **Servicios** | *serbíθios* | Toilette |

| | | |
|---|---|---|
| **Silencio** | *siléndio* | Silenzio |
| **Taller mecánico/ de reparación** | *tagliér mekániko/ de reparadión* | Autofficina |
| **Taquilla** | *takíglia* | Biglietteria |
| **Tirar** | *tirár* | Tirare |
| **Toquen el timbre** | *tóken el tímbre* | Suonare il campanello |
| **Urgencias** | *urχéndias* | Pronto soccorso |
| **Zona azul** | *dóna adúl* | Zona disco |

# 2 • COMUNICARE



## Le espressioni più comuni

| | |
|---|---|
| Sono straniero | **Soy extranjero**<br>*sói ekstranχéro* |
| Non parlo spagnolo/ Parlo solo un po' di spagnolo | **No hablo español/Hablo sólo un poquito de español**<br>*no áblo espagnól/áblo sólo un pokíto de espagnól* |
| Lei parla italiano? | **¿Usted habla italiano?**<br>*usté(d) ábla italiáno* |
| Mi capisce? | **¿Me entiende?**<br>*me entiénde* |
| Può parlare più piano? | **¿Puede hablar más despacio?**<br>*puéde ablár mas despáθio* |
| Non ho capito | **No he entendido bien**<br>*no e entendído bién* |
| Non capisco questa cosa | **No entiendo esto**<br>*no entiéndo ésto* |
| Come si dice in spagnolo/italiano? | **¿Cómo se dice en español/italiano?**<br>*cómo se díθe en espagnól/italiáno* |
| Può ripetere per favore? | **¿Puede repetir por favor?**<br>*puéde repetír por fabór* |
| Può fare lo spelling? | **¿Puede deletrarlo?**<br>*puéde deletreárlo* |
| Può scrivermelo? | **¿Puede escribírmelo?**<br>*puéde eskribírmelo* |
| Come si pronuncia? | **¿Cómo se pronuncia?**<br>*kómo se pronúnθia* |
| Può indicarmi la parola su questo libretto? | **¿Puede indicarme la palabra en este librito?**<br>*puéde indikárme la palábra en éste libríto* |

| | |
|---|---|
| Per favore mi aiuti | **Ayúdeme por favor**<br>*agiúdeme por fabór* |
| Mi sono perso | **Me he perdido**<br>*me e perdído* |
| Può indicarmi la strada? | **¿Puede indicarme el camino?**<br>*puéde indikárme el kamíno* |

**¿Puedo ayudaros/ayudarle?** *puédo agiudáros/agiudárle'* — Posso aiutarvi/aiutarla?

| | |
|---|---|
| Ho fame/Ho sete | **Tengo hambre/sed**<br>*téngo ámbre/se(d)* |
| È importante | **Es importante**<br>*es importánte* |
| Posso entrare? | **¿Se puede?**<br>*se puéde* |

**Pase** • *páse* — Si accomodi

**Espere un momento por favor** *espére un moménto por fabór* — Aspetti un momento, per favore

| | |
|---|---|
| C'è un telefono qui? | **¿Hay un teléfono aquí?**<br>*ái un teléfono akí* |
| Dove posso trovare un ...? | **¿Dónde puedo encontrar un ...?**<br>*dónde puédo enkontrár un* |

**¿Cómo está usted?** • *kómo está usté(d)* — Come sta?

| | |
|---|---|
| Bene, grazie/ Non c'è male | **Bien, gracias/Bastante bien**<br>*bién gráθias/bastánte bién* |
| Non sto bene | **No me encuentro bien**<br>*no me enkuéntro bién* |

**¿Hay novedades?** • *ái nobedádes* — Che novità ci sono?

**¿Todo bien?** • *tódo bién* — Tutto a posto?

**¿Qué pasa?** • *ke pása* — Che succede?

| | |
|---|---|
| Tutto bene | **Todo bien**<br>*tódo bién* |

## Formule di cortesia

| | |
|---|---|
| Per favore | **Por favor** • *por fabór* |
| Grazie/Molte grazie | **Gracias/Muchas gracias**<br>*gráθias/múcias gráθias* |
| Grazie, lei è molto gentile | **Gracias, usted es muy amable**<br>*gráθias usté(d) es múi amáble* |
| Grazie per l'ospitalità | **Gracias por todo**<br>*gráθias por tódo* |
| Prego/Di niente | **De nada/No hay de qué**<br>*de náda/no ái de ke* |
| Va bene | **Vale/De acuerdo**<br>*bále/de akuérdo* |
| Permette? | **¿Permite?/Con permiso**<br>*permíte/kon permíso* |
| Permesso (per passare) | **¿Por favor, me deja pasar?**<br>*por fabór me déχa pasár* |
| Permesso (per entrare) | **¿Se puede?**<br>*se puéde* |
| Prego (si sieda) | **Siéntese, por favor**<br>*siéntese por fabór* |
| Prego (si accomodi) | **¡Pase, pase!**<br>*páse páse* |

## Salutare

| | |
|---|---|
| **Buenos días** • *buénos días* | Buongiorno (fino all'ora di pranzo) |
| **Buenas tardes** • *buénas tárdes* | Buongiorno/Buonasera (dopo pranzo, fino all'imbrunire) |
| **Buenas noches** • *buénas nóces* | Buonanotte (dall'ora di cena in poi) |
| **¡Hola!** • *óla* | Ciao (incontrandosi) |
| **¡Hola! ¿Qué tal?** • *óla ke tal* | Ciao, come va? |

| | |
|---|---|
| **Adiós** • *adiós* | Ciao (al commiato)/ Addio |
| **Hasta la vista** • *ásta la bísta* | Arrivederci |
| **Hasta pronto** • *ásta prónto* | A presto/A più tardi |
| **Hasta ahora** • *ásta aóra* | A tra poco |
| **Hasta luego** • *ásta luégo* | A dopo |
| **Hasta mañana** • *ásta magnána* | A domani |
| **Recuerdos para todos** *rekuérdos pára tódos* | Tanti saluti a tutti |
| **¡Bienvenido!** • *biénbenído* | Benvenuto |

## Presentarsi/Presentare qualcuno

Nei rapporti con le persone che si conoscono molto superficialmente è d'obbligo la forma di cortesia **usted** (lei) o **ustedes** (voi) – seguite dal verbo coniugato alla terza persona singolare o plurale. Per presentarsi o rivolgersi agli altri, in spagnolo non si usano titoli professionali e titoli di studio: si dirà semplicemente **señor/señora** + cognome.

| | |
|---|---|
| Come ti chiami/ si chiama? | **¿Cómo te llamas/se llama usted?** *kómo te gliámas/se gliáma ustè(d)* |
| Mi chiamo Chiara (Forti) | **Me llamo Chiara (Forti)** *me gliámo kiára fórti* |
| Vi presento il signor/ la signora Rossi | **Les presento/Quisiera presentarles al señor/ a la señora Rossi** *les presénto/kisiéra presentárles al segnór/ a la segnóra róssi* |
| Posso presentarle Anna Lenzi? | **Permítame presentarle a Anna Lenzi** *permítame presentárle a ánna léntsi* |
| Le presento mia moglie/mio marito | **Le presento a mi mujer/a mi marido** *le presénto a mi muχér/a mi marído* |

| | |
|---|---|
| **Mucho gusto en/Encantado de conocerle** *múcio gústo en/enkantádo de konoθérle* | Piacere/Lieto di conoscerla |

## Essere/Non essere d'accordo

| | | |
|---|---|---|
| sì | **sí** | *sí* |
| sì, grazie | **sí, gracias** | *sí gráθias* |
| bene! | **¡bien!** | *bién* |
| benissimo! | **¡muy bien!** | *múi bién* |
| certamente | **ciertamente** | *θiertaménte* |
| che bello! | **¡qué bien!** | *ke bién* |
| che fortuna! | **¡qué suerte!** | *ke suérte* |
| fantastico! | **¡estupendo!** | *estupéndo* |
| speriamo! | **¡ojalá!** | *oχalá* |
| volentieri | **con mucho gusto** | *kon múcio gústo* |
| no | **no** | *no* |
| no, grazie | **no, gracias** | *no gráθias* |
| mai | **nunca** | *núnka* |
| nessuno | **nadie** | *nádie* |
| niente | **nada** | *náda* |

| | |
|---|---|
| È vero | **Es verdad**<br>*es berdá(d)* |
| Hai ragione | **Tienes razón**<br>*tiénes raθón* |
| D'accordo/Va bene | **¡Vale!/De acuerdo**<br>*bále/de akuérdo* |
| Mi piace/Non mi piace questo | **Esto me gusta/no me gusta**<br>*ésto me gústa/no me gústa* |
| Non è vero | **¡No es verdad!**<br>*no es berdá(d)* |
| Non sono d'accordo | **No estoy de acuerdo**<br>*no estói de akuérdo* |
| Si sbaglia | **Usted se equivoca**<br>*usté(d) se ekibóka* |
| Basta così! | **¡Basta ya!**<br>*bású giá* |

## Dispiacersi, scusarsi

| | |
|---|---|
| Mi dispiace molto | **Lo siento mucho**<br>*lo siénto múcio* |
| Che peccato! | **¡Qué lástima!**<br>*ke lástima* |
| Purtroppo | **Lamentablemente**<br>*lamentableménte* |
| Perdonatemi/<br>Chiedo scusa | **Les ruego que me perdonen/Perdón**<br>*les ruégo ke me perdónen/perdón* |
| Scusi il disturbo | **Perdone las molestias**<br>*perdóne las moléstias* |
| Scusate il ritardo | **Perdonen por el retraso**<br>*perdónen por el retráso* |
| Non l'ho fatto apposta | **No lo he hecho adrede/queriendo**<br>*no lo e écio adréde/keriéndo* |

**No hay problema** Non fa niente
*no ái probléma*

## Auguri, rallegramenti

| | |
|---|---|
| Buon Natale! | **¡Feliz Navidad!**<br>*felíθ nabidá(d)* |
| Felice anno nuovo! | **¡Próspero/Feliz año nuevo!**<br>*próspero/felíθ ágno nuébo* |
| Buona Pasqua! | **¡Felices Pascuas!**<br>*felíθes páskuas* |
| Buon compleanno! | **¡Feliz cumpleaños!**<br>*felíθ kumpleágnos* |
| Buon viaggio! | **¡Buen viaje!**<br>*buén biáχe* |
| Buone vacanze! | **¡Que tenga/tengas unas buenas vacaciones!**<br>*ke ténga/téngas únas buénas bakaθiónes* |
| Buona fortuna! | **¡Suerte!/¡Que te vaya bien!**<br>*suérte/ke te bágia bién* |

| | |
|---|---|
| Buon divertimento! | **¡Que lo pases bien!**<br>*ke lo páses bién* |
| Buon appetito! | **¡Que aproveche!**<br>*ke aprovéce* |
| Salute (nei brindisi) | **¡(A su) Salud!**<br>*a su salú(d)* |
| Auguri! | **¡(Muchas) Felicidades!**<br>*(múcias) feliθidádes* |
| Auguri di pronta guarigione | **¡Que se mejore/te mejores pronto!**<br>*ke se meχóre/te meχóres prónto* |
| Congratulazioni! | **¡Enhorabuena!/¡Congratulaciones!**<br>*enorabuéna/kongratulaθiónes* |
| Bravo! | **¡Muy bien!** • *múi bién* |

## Condoglianze

| | |
|---|---|
| Mi dispiace per la morte di tuo padre | **Siento mucho la muerte de tu padre**<br>*siénto múcio la muérte de tu pádre* |
| Sentite condoglianze | **Mi más sentido pésame**<br>*mi mas sentído pésame* |
| La prego di accettare le mie più sincere condoglianze | **Acepte usted mi más sentido pésame/mi más sincera condolencia**<br>*aθépte usté(d) mi mas sentído pésame/mi mas sinθéra kondolénθia* |

## Fare domande

| | | |
|---|---|---|
| che cosa? | **¿qué?** | *ke* |
| chi? | **¿quién?** | *kién* |
| a chi? | **¿a quién?** | *a kién* |
| con chi? | **¿con quién?** | *kon kién* |
| da chi? | **¿de quién?** | *de kién* |
| **come?** | **¿cómo?** | *kómo* |
| **dove?** (stato in luogo) | **¿dónde?** | *dónde* |
| **dove?** (moto a luogo) | **¿adónde?** | *adónde* |
| **perché?** (causale) | **¿por qué?** | *por ké* |

| | | |
|---|---|---|
| perché? (finale) | **¿para qué?** | *pára ké* |
| **quando?** | **¿cuándo?** | *kuándo* |
| da quando? | **¿desde cuándo?** | *désde kuándo* |
| **quanto?** | **¿cuánto?** | *kuánto* |
| **quale?** | **¿cuál?** | *kuál* |

Che cos'è questo? **¿Qué es esto?**
*ke es ésto*

A che cosa serve? **¿Para qué sirve?**
*pára ke sírve*

Che cos'è successo? **¿Qué ha pasado?**
*ke a pasádo*

Che cosa vuol dire? **¿Qué quiere decir?**
*ke kiére deθír*

Che cosa vuole? **¿Qué quiere usted?**
*ke kiére usté(d)*

Cosa dice? **¿Qué dice?**
*ke díθe*

Chi parla? **¿Quién habla?**
*kién ábla*

Come stai? **¿Qué tal estás?**
*ke tal estás*

Dove vai? **¿Adónde vas?**
*adónde bas*

Quando torni in Italia? **¿Cuándo vuelves a Italia?**
*kuándo buélbes a itália*

Quando apre il negozio? **¿Cuándo abre la tienda?**
*kuándo ábre la tiénda*

Quanto costa? **¿Cuánto vale/cuesta?**
*kuánto bále/kuésta*

Quanto tempo occorre? **¿Cuánto tiempo se necesita?**
*kuánto tiémpo se neθesíta*

Quanto dista da qui il museo? **¿Queda muy lejos el museo?**
*kéda múi léχos el muséo*

Qual è il tuo numero di telefono? **¿Cuál es tu número de teléfono?**
*kuál es tu número de teléfono*

# Rapporti personali

## Fare conoscenza, conversare

| | | |
|---|---|---|
| **¿De dónde eres/es?**<br>*de dónde éres/es* | | Da dove vieni/viene? |
| Sono italiano/italiana | **Soy italiano/italiana**<br>*sói italiáno/italiána* | |
| **¿Dónde nació?**<br>*dónde naθió* | | Dov'è nato/nata? |
| Sono nato/<br>nata a Roma | **Nací en Roma**<br>*naθí en róma* | |
| Dove abiti? | **¿Dónde vives?**<br>*dónde bíbes* | |
| Sei di qui? | **¿Eres de aquí?**<br>*éres de akí* | |
| **¿Para cuánto tiempo se va a quedar aquí?**<br>*pára kuánto tiémpo se ba a kedár akí* | | Per quanto tempo<br>si ferma qui? |
| Mi fermerò un mese | **Me quedaré un mes**<br>*me kedaré un mes* | |
| Sono qui in vacanza/<br>per lavoro/per studio | **Estoy aquí de vacaciones/para trabajar/<br>para estudiar**<br>*estói akí de bakaθiónes/pára trabaχár/pára estudiár* | |
| Ci possiamo<br>dare del tu | **Nos podemos tutear**<br>*nos podémos tuteár* | |
| È stato un piacere<br>conoscerti | **Ha sido un placer conocerte**<br>*a sído un plaθér konoθérte* | |

## Parlare di sé

| | |
|---|---|
| Che lavoro fai? | **¿En qué trabajas?**<br>*en ke trabáχas* |
| Lavoro come ragioniere/<br>impiegato/libraio/<br>infermiera/ segretaria | **Trabajo de contador/empleado/librero/<br>enfermera/secretaria**<br>*trabáχo de kontadór/empleádo/libréro/<br>enferméra/sekretária* |

| | |
|---|---|
| Sto cercando lavoro | **Estoy buscando trabajo**<br>*estói buskándo trabáχo* |
| Sono studente | **Soy estudiante**<br>*sói estudiánte* |
| Sono al terzo anno di medicina | **Estudio tercero de Medicina**<br>*estúdio terθéro de mediθína* |
| È sposato/a? | **¿Está casado/a?**<br>*está kasádo/a* |
| Sono/Non sono sposato/a | **Estoy/No estoy casado/a**<br>*estói/no estói kasádo/a* |
| Sono fidanzato/a | **Tengo novia/o**<br>*téngo nóbia/o* |
| Sono single | **Estoy soltero/a**<br>*estói soltéro/a* |
| Che cosa fai nel tempo libero? | **¿Qué haces en el tempo libre?**<br>*ke áθes en el tiémpo líbre* |
| Ti piace/piacciono …? | **¿Te gusta/gustan …?**<br>*te gústa/gústan* |
| Mi piace la musica/ lo sport | **Me gusta la música/el deporte**<br>*me gústa la músika/el depórte* |
| Quale tipo di musica ti piace? | **¿Qué música te gusta?**<br>*ke músika te gústa* |
| Mi piace/Non mi piace fare shopping | **Me gusta/No me gusta ir de compras**<br>*me gústa/no me gústa ir de kómpras* |
| Sono appassionato di arte | **Me encanta el arte**<br>*me enkánta el árte* |
| Mi interessa visitare i musei | **Me interesa visitar museos**<br>*me interésa bisitár muséos* |
| Che cosa ne pensi di …? | **¿Qué piensas de …?**<br>*ke piénsas de* |
| Non fumo | **No fumo**<br>*no fúmo* |
| Non prendo droghe | **No uso drogas**<br>*no úso drógas* |

## Prendere un appuntamento

| | |
|---|---|
| Che cosa fa questa sera? | **¿Qué hace esta noche?**<br>*ke áθe ésta nóce* |
| Posso telefonarle domani? | **¿Puedo llamarle mañana?**<br>*puédo gliamárle magnána* |
| Qual è il tuo numero di telefono/indirizzo/ indirizzo e-mail? | **¿Cuál es tu número de teléfono/dirección/ dirección de correo electrónico?**<br>*kuál es tu número de teléfono/direkθión/ direkθión de korréo elektróniko* |
| Ecco il mio | **Aquí tiene(s) el mío/la mía**<br>*akí tiéne(s) el mío/la mía* |
| Quando/Dove ci vediamo? | **¿Cuándo/Dónde nos vemos?**<br>*kuándo/dónde non bémos* |
| Ci vediamo alle nove all'entrata | **Nos vemos a las nueve en la entrada**<br>*nos bémos a las nuébe en la entráda* |
| Dove vorresti andare? | **¿Dónde quisieras ir?**<br>*dónde kisiéras ir* |
| Si potrebbe andare a ballare/a fare una passeggiata | **Podríamos salir a bailar/a dar un paseo**<br>*podríamos salír a bailár/a dar un paséo* |
| Mangiamo qualcosa insieme? | **¿Comemos algo juntos?**<br>*komémos álgo χúntos* |
| Verresti a bere qualcosa con me? | **¿Vendrías conmigo a tomar algo?**<br>*bendrías konmígo a tomár álgo* |
| Mi faresti visitare la città? | **¿Me llevas a ver la ciudad?**<br>*me gliébas a ber la θiudá(d)* |

| | |
|---|---|
| **Vale, de acuerdo** • *bále de akuérdo* | Sì, d'accordo |
| **Con mucho gusto** • *kon múcio gústo* | Con piacere |
| **Lo siento, no puedo** • *lo siénto no puédo* | Mi dispiace, non posso |
| **Hoy estoy ocupada** • *ói estói okupáda* | Oggi sono impegnata |
| **Otra vez será** • *ótra beθ será* | Sarà per un'altra volta |

## Corteggiare

| | | |
|---|---|---|
| È sola/o? | **¿Está sola/o?**<br>*está sóla/o* | |
| Posso offrirle qualcosa da bere? | **¿Puedo invitarle a tomar algo?**<br>*puédo inbitárle a tomár álgo* | |
| Ti va di ballare con me? | **¿Quieres bailar conmigo?**<br>*kiéres bailár konmígo* | |
| | **Seguro/Lo siento, no bailo**<br>*segúro/lo siénto no báilo* | Certo/Mi spiace, non ballo |
| | **Estoy aquí con mi novio**<br>*estói akí kon mi nóbio* | Sono qui con il mio ragazzo |
| Balli molto bene | **Bailas muy bien**<br>*báilas múi bién* | |
| Sei molto bella/o | **Eres muy guapa/o**<br>*éres múi guápa/o* | |
| Sei molto simpatica/o | **Eres muy simpática/o**<br>*éres múi simpátika/o* | |
| Hai un bel sorriso | **Tienes una linda sonrisa**<br>*tiénes úna línda sonrísa* | |
| Posso riaccompagnarti a casa? | **¿Puedo acompañarte a casa?**<br>*puédo akompagnárte a kása* | |
| È stata una bellissima serata | **Ha sido una velada estupenda**<br>*a sído úna beláda estupénda* | |
| Sto bene con te | **Estoy bien contigo**<br>*estói bién kontígo* | |
| Vorrei rivederti | **Quisiera volver a verte**<br>*kisiéra bolbér a bérte* | |
| | **Yo también**<br>*gió también* | Anch'io |
| | **No quiero verte más**<br>*no kiéro bérte mas* | Non voglio rivederti |
| | **Quisiera que quedáramos como amigos**<br>*kisiéra ke kedáramos kómo amígos* | Vorrei che rimanessimo amici |

## Amore e sesso

| | |
|---|---|
| Ti amo | **Te quiero**<br>*te kiéro* |
| Mi ami? | **¿Me quieres?**<br>*me kiéres* |
| Posso baciarti? | **¿Puedo besarte?**<br>*puédo besárte* |
| Baciami | **Bésame**<br>*bésame* |
| Non toccarmi! | **¡No me toques!**<br>*no me tókes* |
| Mi piaci molto | **Me gustas mucho**<br>*me gústas múcio* |
| Anche tu | **Tú también**<br>*tu también* |
| Ti desidero | **Te deseo**<br>*te deséo* |
| Sono pazzo di te | **Estoy loco por ti**<br>*estói lóko por ti* |
| Vorrei fare l'amore con te | **Quisiera hacer el amor contigo**<br>*kisiéra aθér el amór kontígo* |
| Vuoi venire a casa mia? | **¿Quieres venir a mi casa?**<br>*kiéres benír a mi kása* |
| Hai un preservativo? | **¿Tienes un preservativo?**<br>*tiénes un preserbatíbo* |
| Così mi piace molto/ non mi piace | **Así me gusta mucho/no me gusta**<br>*así me gústa múcio/no me gústa* |
| Ti è piaciuto? | **¿Te ha gustado?**<br>*te a gustádo* |
| È stato fantastico | **Ha sido estupendo**<br>*a sído estupéndo* |

# Comunicare sui social network

| | | |
|---|---|---|
| account | **cuenta** | *kuénta* |
| amicizia | **amistad** | *amistá(d)* |
| applicazione | **aplicación** | *aplikaθión* |
| bacheca | **muro** | *múro* |
| blog | **blog** | *blog* |
| commento | **comentario** | *koméntario* |
| condividere | **compartir** | *kompartír* |
| configurare | **configurar** | *konfigurár* |
| contatto | **contacto** | *kontákto* |
| diario | **biografía** | *biografía* |
| emoticon | **emoticón/ emoticono** | *emotikón/ emotikóno* |
| foto | **foto** | *fóto* |
| hashtag | **hashtag** | *hasctág* |
| link | **enlace** | *enláθe* |
| mi piace | **me gusta** | *me gústa* |
| pagina web | **página web** | *páχina web* |
| post | **post** | *post* |
| postare | **postear** | *posteár* |
| profilo | **perfil** | *perfíl* |
| scaricare | **descargar** | *deskargár* |
| social network | **red social** | *red soθiál* |
| stato | **estado** | *estádo* |
| tag | **etiqueta/tag** | *etikéta/tag* |
| taggare | **etiquetar/taguear** | *etiketár/tagheár* |
| video | **video** | *bidéo* |

## Abbreviazioni

| | | |
|---|---|---|
| **LOL (laughing out loud) (me río un montón)** | = | sto ridendo a crepapelle |
| **MSLGR (se me saltan las lagrimas de la risa)** | = | piango dal ridere |
| **MDR (me muero de risa)** | = | sto morendo dal ridere |

| | | |
|---|---|---|
| **TQM/TKM (te quiero mucho)** | = | ti voglio tanto bene |
| **LMPP (lo más pronto posible)** | = | il prima possibile |
| **NTP (no te preocupes)** | = | non preoccuparti |
| **TB (también)** | = | anche |
| **b7s (besitos)** | = | bacini |

Hai un profilo Facebook/Instagram?
**¿Tienes cuenta en Facebook/Instagram?**
*tiénes kuénta en féisbuk/instagrám*

Posso aggiungerti ai miei contatti?
**¿Te puedo agregar a mis contactos?**
*te puédo agregár a mis kontáktos*

Ti ho chiesto l'amicizia
**Te pedí amistad**
*te pedí amistá(d)*

Ti ho inviato una richiesta di amicizia
**Te envié una solicitud de amistad**
*te enbié úna soliθitú(d) de amistá(d)*

**He aceptado tu solicitud de amistad**
*e aθeptádo tu soliθitú(d) de amistá(d)*
Ho accettato la tua richiesta di amicizia

Grazie per avermi dato l'amicizia
**Gracias por aceptar mi amistad**
*gráθias por aθeptár mi amistá(d)*

Ciao, ti seguo, ricambi?
**¡Hola! te estoy siguiendo, ¿devuelves?**
*óla te estói sighiéndo, debuélves*

Potresti mettere mi piace al mio post?
**¿Podrías darle me gusta a mi post?**
*podrías dárle me gústa a mi post?*

**Me encanta tu foto/tu video**
*me enkánta tu fóto/tu bidéo*
Mi piace molto la tua foto/il tuo video

# 3 • IN VIAGGIO

## Le parole del viaggio

| | | |
|---|---|---|
| altoparlante | **altavoz** | *altabóθ* |
| aria condizionata | **aire acondicionado** | *áire akondiθionádo* |
| arrivo | **llegada** | *gliegáda* |
| autonoleggio | **alquiler de coches** | *alkilér de kóces* |
| bagaglio | **equipaje** | *ekipáχe* |
| bagaglio a mano | **equipaje de mano** | *ekipáχe de máno* |
| carrello portabagagli | **carro portaequipajes** | *kárro portaekipáχes* |
| coincidenza | **empalme** | *empálme* |
| deposito bagagli | **consigna de equipajes** | *konsíghna de ekipáχes* |
| dogana | **aduana** | *aduána* |
| entrata | **entrada** | *entráda* |
| informazioni | **informaciones** | *informaθiónes* |
| orario | **horario** | *orário* |
| estivo/invernale | **de verano/invernal** | *de beráno/inbernál* |
| essere in orario | **llegar a la hora** | *gliegár a la óra* |
| partenza | **salida** | *salída* |
| passeggero | **pasajero** | *pasaχéro* |
| posto (a sedere) | **asiento** | *asiénto* |
| libero/occupato | **libre/ocupado** | *líbre/okupádo* |
| prenotato | **reservado** | *reserbádo* |
| riscaldamento | **calefacción** | *kalefakθión* |
| ritardo | **retraso** | *retráso* |
| essere in ritardo | **estar atrasado** | *estár atrasádo* |
| ritiro bagagli | **entrega de equipaje** | *entréga de ekipáχe* |
| salire | **subir** | *subír* |
| scala mobile | **escalera mecánica** | *eskaléra mekánika* |
| scale | **escaleras** | *eskaléras* |
| scendere | **bajar** | *baχár* |
| sedile | **asiento** | *asiénto* |
| tabellone arrivi/ partenze | **llegadas/salidas** | *gliegádas/salídas* |

| | | |
|---|---|---|
| tappeto mobile | **andén móvil** | *andén móbil* |
| trasporto | **transporte** | *transpórte* |
| mezzi di trasporto | **medios de transporte** | *médios de transpórte* |
| ufficio oggetti smarriti | **oficina de objetos perdidos** | *ofiθína de obχétos perdídos* |
| uscita di sicurezza | **salida de seguridad** | *salída de seguridá(d)* |
| viaggiatore | **viajero** | *biaχéro* |
| viaggio | **viaje** | *biáχe* |
| WC | **servicios** | *serbíθios* |

# Trasporti

## Informazioni, prenotazioni e acquisto biglietti

| | | |
|---|---|---|
| agenzia viaggi | **agencia de viajes** | *aχénθia de biáχes* |
| biglietteria automatica | **taquilla distribuidor automático de billetes** | *takíglia distribuidór automátiko de bigliétes* |
| biglietto | **billete** | *bigliéte* |
| di sola andata | **de ida** | *de ída* |
| di andata e ritorno | **de ida y vuelta** | *de ída i buélta* |
| elettronico | **electrónico** | *elektróniko* |
| ridotto | **reducido** | *reduθído* |
| valido/scaduto | **válido/caducado** | *bálido/kadukádo* |
| fare il biglietto | **comprar el billete** | *komprár el bigliéte* |
| prenotare | **reservar** | *reserbár* |
| prenotazione | **reserva** | *resérba* |

Dov'è la biglietteria/l'ufficio prenotazioni?
**¿Dónde está la taquilla/la oficina de reservas?**
*dónde está la takíglia/la ofiθína de resérbas*

Vorrei prenotare un posto in classe turistica sul volo per Madrid
**Quisiera reservar una plaza en clase turística en el vuelo con destino Madrid**
*kisiéra reserbár úna pláθa en kláse turístika en el buélo kon destíno madrí(d)*

| | |
|---|---|
| Desidero annullare/ confermare la mia prenotazione per Milano | **Quiero anular/confirmar mi reserva para Milán**<br>*kiéro anulár/konfirmár mi resérba pára milán* |
| C'è un volo diretto per Siviglia? | **¿Hay un vuelo directo con destino Sevilla?**<br>*ái un buélo dirékto kon destíno sebíglia* |
| Quanto tempo prima devo essere all'aeroporto? | **¿Con cuánta antelación tengo que estar en el aeropuerto?**<br>*kon kuánta antelaθión téngo ke estár en el aeropuérto* |
| Da dove parte l'autobus per l'aeroporto? | **¿De dónde sale el autobús que va al aeropuerto?**<br>*de dónde sále el autobús ke ba al aeropuérto* |
| Si possono acquistare biglietti ferroviari per telefono/on line? | **¿Se pueden comprar billetes de tren por teléfono/on line?**<br>*se puéden komprár bigliétes de tren por teléfono/on láin* |
| **Sí, con tarjeta de crédito**<br>*si kon tarχéta de krédito* | Sì, utilizzando la carta di credito |
| Per quanto tempo è valido il biglietto? | **¿Qué validez tiene el billete?**<br>*ke balidéθ tiéne el bigliéte* |
| Andata e ritorno per Barcellona | **Ida y vuelta para Barcelona**<br>*ída i buélta pára barθelóna* |
| Sola andata sull'Intercity per Bilbao | **Sólo ida en el Talgo para Bilbao**<br>*sólo ída en el tálgo pára bilbáo* |
| **¿Fumador o no fumador?**<br>*fumadór o no fumadór* | Fumatori o non fumatori? |
| Sui treni di prima classe la prenotazione è obbligatoria? | **¿Es obligatoria la reserva en los trenes de primera clase?**<br>*es obligatória la resérba en los trénes de priméra kláse* |
| **Sí, tiene que pagar un suplemento**<br>*sí tiéne ke pagár un suplémento* | Si deve pagare un supplemento |
| Ci sono tariffe speciali per il fine settimana? | **¿Hay tarifas especiales para el fin de semana?**<br>*ái tarífas espeθiáles pára el fin de semána* |
| Vorrei prenotare una cabina/un passaggio ponte sul traghetto per Palma de Mallorca | **Quisiera reservar un camarote/una butaca en el ferry para Palma de Mallorca**<br>*kisiéra reserbár un kamaróte/úna butáka en el férri pára pálma de magliórka* |

## Aereo

| | | |
|---|---|---|
| aereo | **avión** | *abión* |
| aeroporto | **aeropuerto** | *aeropuérto* |
| ala | **ala** | *ála* |
| altitudine | **altitud** | *altitú(d)* |
| atterraggio | **aterrizaje** | *aterriθáχe* |
| bagaglio | **equipaje** | *ekipáχe* |
| in franchigia | **en franquicia** | *en frankíθia* |
| sovrappeso | **exceso de equipaje** | *eksθéso de ekipáχe* |
| cabina di pilotaggio | **cabina** | *kabína* |
| chiamata | **llamada** | *gliamáda* |
| cinture di sicurezza | **cinturones de seguridad** | *θinturónes de seguridá(d)* |
| classe | **clase** | *kláse* |
| business/turistica | **business/turística** | *bísnes/turístika* |
| comandante | **comandante** | *komandánte* |
| compagnia aerea | **compañía de aviación** | *kompagnía de abiaθión* |
| corridoio | **pasillo** | *pasíglio* |
| decollo | **despegue** | *despéghe* |
| elica | **hélice** | *éliθe* |
| elicottero | **helicóptero** | *elikóptero* |
| finestrino | **ventanilla** | *bentaníglia* |
| hostess | **azafata** | *aθafáta* |
| imbarco | **embarque** | *embárke* |
| carta d'imbarco | **tarjeta de embarque** | *tarχéta de embárke* |
| uscita d'imbarco | **puerta de embarque** | *puérta de embárke* |
| lista d'attesa | **lista de espera** | *lísta de espéra* |
| mal d'aria | **mareo** | *maréo* |
| mascherina per ossigeno | **mascarilla de oxígeno** | *maskaríglia de oksíχeno* |
| motore | **motor** | *motór* |
| pilota | **piloto** | *pilóto* |
| pista | **pista** | *písta* |
| scaletta | **escalera** | *eskaléra* |
| scalo | **escala** | *eskála* |
| steward | **asistente de vuelo** | *asisténte de buélo* |
| stiva | **bodega** | *bodéga* |
| toilette | **servicios** | *serbíθios* |
| torre di controllo | **torre de mandos** | *tórre de mándos* |

| | | |
|---|---|---|
| volare | **volar** | *bolár* |
| volo | **vuelo** | *buélo* |
| vuoto d'aria | **bache** | *báce* |

| | | |
|---|---|---|
| **Llegadas** | *gliegádas* | Arrivi |
| **Salidas** | *salídas* | Partenze |
| **Vuelos nacionales/ internacionales** | *buélos naθionáles/ internaθionáles* | Voli nazionali/ internazionali |
| **Puerta de embarque** | *puérta de embárke* | Uscita d'imbarco |
| **Sala de espera** | *sála de espéra* | Sala d'attesa |

## *In aeroporto*

| | |
|---|---|
| Dove posso trovare i carrelli portabagagli? | **¿Dónde puedo encontrar los carros portaequipaje?**<br>*dónde puédo enkontrár los kárros portaekipáχe* |
| Dov'è il check-in del volo per Valencia? | **¿Dónde está la facturación del vuelo con destino Valencia?**<br>*dónde está la fakturaθión del buélo kon destíno balénθia* |
| Qual è il numero del volo? | **¿Cuál es el número del vuelo?**<br>*kuál es el número del buélo* |
| Quanti chili di bagaglio in franchigia posso portare? | **¿Qué franquicia de equipaje tengo?**<br>*ke frankíθia de ekipáχe téngo* |
| Quanto si paga per il sovrappeso? | **¿Cuánto hay que pagar por el exceso de equipaje?**<br>*kuánto ái ke pagár por el eksθéso de ekipáχe* |
| Ho perso l'aereo. A che ora parte il prossimo volo per Roma? | **He perdido el avión. ¿A qué hora sale el próximo vuelo con destino Roma?**<br>*e perdído el abión a ke óra sále el próksimo buélo kon destíno róma* |
| L'aereo per Santiago parte in orario? | **¿El avión para Santiago sale puntual/a la hora?**<br>*el abión pára santiágo sále puntuál/a la óra* |

| | |
|---|---|
| **El vuelo llevará retraso por maltiempo**<br>*el buélo gliebará retráso por maltiémpo* | Il volo subirà un ritardo causa maltempo |

Trasporti

| | |
|---|---|
| **El vuelo con destino Milán ha sido anulado**<br>*el buélo kon destíno milán a sído anuládo* | Il volo per Milano è stato cancellato |
| **Última llamada del vuelo para Girona**<br>*última gliamáda del buélo pára χiróna* | Ultima chiamata del volo per Gerona |

Qual è l'uscita per Gerona? — **¿Cuál es la puerta de embarque para Girona?**
*kuál es la puérta de embárke pára χiróna*

| | |
|---|---|
| **Vuelo para Girona puerta de embarque número tres**<br>*buélo pára χiróna puérta de embárke número tres* | Volo per Gerona uscita 3 |

## *Sull'aereo*

| | |
|---|---|
| **Abrochen sus cinturones** • *abrócen sus θinturónes* | Siete pregati di allacciare le cinture |
| **Mantengan el respaldo en posición vertical**<br>*manténgan el respáldo en posiθión bertikál* | Tenete lo schienale in posizione verticale |
| **Cierren la mesilla** • *θiérren la mesíglia* | Chiudere il tavolino |
| **No fumen** •*no fúmen* | Non fumare |
| **Apaguen los teléfonos móviles y no utilicen aparatos electrónicos**<br>*apághen los teléfonos móbiles i no utilíθen aparátos elektrónikos* | Spegnere i cellulari e non utilizzare a bordo le apparecchiature elettroniche |
| **Estamos pasando por una zona de turbolencias**<br>*estámos pasándo por una θóna de turbolénθias* | Stiamo attraversando un'area di turbolenze |

Non riesco ad allacciare le cinture, mi può aiutare? — **No consigo abrocharme el cinturón, ¿me ayuda, por favor?**
*no konsígo abrociárme el θinturón me agiúda por fabor*

L'aria condizionata è troppo forte, si può abbassare? — **El aire acondicionado está demasiado fuerte, ¿se puede bajar?**
*el áire akondiθionádo está demasiádo fuérte se puéde baχár*

Posso avere qualcosa da bere? — **¿Puedo tomar algo de beber?**
*puédo tomár álgo de bebér*

| | |
|---|---|
| C'è il duty-free a bordo? | **¿Hay duty-free a bordo?**<br>*ái diúti fri a bórdo* |
| Non mi sento bene, ho la nausea | **No me siento bien, estoy mareado/a**<br>*no me siénto bién estói mareádo/a* |

*All'arrivo*

| | |
|---|---|
| Dove arrivano i bagagli del volo da Milano? | **¿Dónde llegan los equipajes del vuelo que viene de Milán?**<br>*dónde gliégan los ekipáχes del buélo ke biéne de milán* |
| La mia sacca è stata danneggiata | **Mi bolsa de viaje ha sido dañada**<br>*mi bólsa de biáχe a sído dagnáda* |
| Manca una delle mie valigie | **Falta una de mis maletas**<br>*fálta úna de mis malétas* |
| Dov'è l'ufficio reclami? | **¿Dónde está la oficina de reclamaciones?**<br>*dónde está la ofiθína de reklamaθiónes* |
| Vorrei lasciare le valigie al deposito bagagli | **Quisiera dejar las maletas en la consigna**<br>*kisiéra deχár las malétas en la konsíghna* |
| Mi può indicare il posteggio dei taxi? | **¿Puede enseñarme donde está la parada de taxi?**<br>*puéde ensegnárme dónde está la paráda de táksi* |
| Da dove partono gli autobus per la città? | **¿De dónde salen los autobuses para la ciudad?**<br>*de dónde sálen los autobúses pára la θiudá(d)* |

## Auto

Per informazioni specifiche sulla dogana, si veda *Dogana*, nella sezione 9. *Pratiche, uffici e servizi*. Le riparazioni sono trattate più avanti, in *Dal meccanico e dal gommista*.

| | | |
|---|---|---|
| acceleratore | **acelerador** | *aθeleradór* |
| accensione | **encendido** | *enθendído* |
| ammortizzatori | **amortiguadores** | *amortiguadóres* |
| antifurto satellitare | **antirrobo satelital** | *antirróbo satelitál* |
| auto/macchina | **coche/automóvil** | *kóce/automóbil* |
| autoradio | **autorradio** | *autorrádio* |
| bagagliaio/baule | **maletero** | *maletéro* |

| | | |
|---|---|---|
| **batteria** | **batería** | *batería* |
| scarica | **descargada** | *deskargáda* |
| caricare la batteria | **cargar la batería** | *kargár la batería* |
| **cambio** (leva) | **(palanca del) cambio** | *(palánka del) kámbio* |
| scatola del cambio | **caja de velocidades** | *káχa de beloθidádes* |
| **camion** | **camión** | *kamión* |
| **candela** | **bujía** | *buχía* |
| **carburatore** | **carburador** | *karburadór* |
| **carrozzeria** | **carrocería** | *karroθería* |
| **chiave** | **llave** | *gliábe* |
| inglese | **llave inglesa** | *gliábe inglésa* |
| **cilindrata** | **cilindrada** | *θilindráda* |
| **cilindro** | **cilindro** | *θilíndro* |
| **cinghia** | **correa** | *korréa* |
| **cinture di sicurezza** | **cinturones de seguridad** | *θinturónes de seguridá(d)* |
| **clacson** | **bocina** | *boθína* |
| **cofano** | **capó** | *kapó* |
| **contagiri** | **cuentarrevoluciones** | *kuéntarrevoluθiónes* |
| **cric** | **gato/cric** | *gáto/krik* |
| **dinamo** | **dinamo** | *dinámo* |
| **fari** | **luces/faros** | *lúθes/fáros* |
| abbaglianti | **luces de carretera/ largas** | *lúθes de karretéra/ lárgas* |
| anabbaglianti | **luces de de cruce/ cortas** | *lúθes de krúθe/ kórtas* |
| antinebbia | **luces antiniebla** | *lúθes antiniébla* |
| **filtro** | **filtro** | *fíltro* |
| dell'aria/dell'olio | **del aire/del aceite** | *del áire/del aθéite* |
| **finestrino** | **ventanilla** | *bentaníglia* |
| **freccia** | **indicador de dirección/ intermitente** | *indikadór de direkθión/ intermiténte* |
| mettere la freccia | **poner el intermitente** | *ponér el intermiténte* |
| **freno** | **freno** | *fréno* |
| a mano | **freno de mano** | *fréno de máno* |
| **frizione** | **fricción** | *frikθión* |
| **fusibile** | **fusible/plomo** | *fusíble/plómo* |
| **gancio di traino** | **gancho de remolque** | *gáncio de remólke* |
| **guarnizione** | **guarnición** | *guarniθión* |

| | | |
|---|---|---|
| **impianto elettrico** | **instalación eléctrica** | *instalaθión eléktrika* |
| **localizzatore satellitare** | **localizador satelital/ por satélite** | *lokaliθadór satelitál/ por satélite* |
| **luci** | **luces** | *lúθes* |
| di arresto | **de parada** | *de paráda* |
| di posizione | **de posición** | *de posiθión* |
| di retromarcia | **de marcha atrás** | *de márcia atrás* |
| **marcia** | **marcha** | *márcia* |
| in folle | **en punto muerto/ marcha libre** | *en púnto muérto/ márcia líbre* |
| cambiare marcia | **cambiar de marcha** | *kambiár de márcia* |
| **marmitta** | **silenciador** | *silenθiadór* |
| catalitica | **catalítico** | *katalítiko* |
| **motore** | **motor** | *motór* |
| **motorino d'avviamento** | **motor de arranque** | *motór de arránke* |
| **navigatore satellitare/ GPS** | **navegador satelital** | *nabegadór satelitál* |
| **parabrezza** | **parabrisas** | *parabrísas* |
| **parafango** | **guardabarros** | *guardabárros* |
| **paraurti** | **parachoques** | *paraciókes* |
| **pedale** | **pedal** | *pedál* |
| **pistone** | **pistón** | *pistón* |
| **portiera** | **puerta** | *puérta* |
| **radiatore** | **radiador** | *radiadór* |
| **retromarcia** | **marcha atrás** | *márcia atrás* |
| fare retromarcia | **hacer marcha atrás** | *aθér márcia atrás* |
| **rimorchio** (di camion) | **remolque** | *remólke* |
| **ripresa** | **arranque** | *arránke* |
| **rodaggio** | **rodaje** | *rodáχe* |
| **serbatoio** | **depósito de gasolina** | *depósito de gasolína* |
| **sospensioni** | **suspensiones** | *suspensiónes* |
| **specchietto retrovisore** | **espejo retrovisor** | *espéχo retrobisór* |
| **sterzo/volante** | **volante** | *bolánte* |
| **tachimetro** | **taquímetro** | *takímetro* |
| **targa** | **matrícula** | *matríkula* |
| **telaio** | **chasis** | *ciásis* |
| **tergicristallo** | **limpiaparabrisas** | *limpiaparabrísas* |

| | | |
|---|---|---|
| trazione anteriore/posteriore | **tracción delantera/trasera** | *trakθión delantéra/traséra* |
| integrale | **integral** | *integrál* |
| tubo di scappamento | **tubo de escape** | *túbo de eskápe* |
| valvola | **válvula** | *bálbula* |
| assicurazione auto | **seguro del coche** | *segúro del kóce* |
| bollo | **impuesto de circulación** | *impuésto de θirkulaθión* |
| carta verde | **carta verde** | *kárta bérde* |
| libretto delle istruzioni | **libreta de instrucciones** | *libréta de instrukθiónes* |
| libretto di circolazione | **permiso de circulación** | *permíso de θirkulaθión* |
| patente | **carné de conducir** | *karné de konduθír* |

## *Autonoleggio*

| | |
|---|---|
| Che tipi di auto avete da noleggiare? | **¿Qué coches tienen a disposición?**<br>*ke kóces tiénen a disposiθión* |
| Vorrei una macchina con cambio automatico | **Quisiera un coche con cambio automático**<br>*kisiéra un kóce con kámbio automátiko* |
| Quanto costa il noleggio per … giorni? | **¿Cuánto cuesta el alquiler por … días?**<br>*kuánto kuésta el alkilér por … días* |
| È compresa l'assicurazione? E il chilometraggio? | **¿El seguro está incluido? ¿Y el kilometraje?**<br>*el segúro está inkluído i el kilometráχe* |
| Prendo la macchina per … giorni | **Me llevo el coche … días**<br>*me gliébo el kóce … días* |
| Devo lasciare il serbatoio pieno? | **¿Tengo que dejar el depósito lleno?**<br>*téngo ke deχár el depósito gliéno* |
| Posso consegnare l'auto in un'altra città? | **¿Puedo entregar el coche en otra ciudad?**<br>*puédo entregár el kóce en ótra θiudá(d)* |

## *Circolazione stradale*

In Spagna, salvo diversa indicazione, il limite massimo di velocità sulle strade urbane è di 60 chilometri orari; sulle strade extraurbane è di 90 chilometri orari (o di 100 se c'è una corsia d'emergenza); sulle autostrade è di 120 chilometri orari.

Per le informazioni sul percorso si veda *Chiedere informazioni sulla strada*, nella sezione *6. Tempo libero*.

| | | |
|---|---|---|
| autostrada | **autopista** | *autopísta* |
| a pagamento | **de peaje** | *de peáχe* |
| bivio | **bifurcación** | *bifurkaθión* |
| cavalcavia | **paso elevado** | *páso elebádo* |
| circolazione | **circulación** | *θirkulaθión* |
| circonvallazione | **ronda** | *rónda* |
| codice stradale | **código de carretera** | *kódigo de karretéra* |
| corsia | **carril** | *karríl* |
| di emergenza | **de emergencia** | *de emerχénθia* |
| di sorpasso | **de adelantamiento** | *de adelantamiénto* |
| preferenziale | **carril bus/taxi** | *karríl bus/táksi* |
| deviazione | **desviación** | *desbiaθión* |
| incrocio | **cruce** | *krúθe* |
| ingorgo | **atascamiento** | *ataskamiénto* |
| pedaggio | **peaje** | *peáχe* |
| pedone | **peatón** | *peatón* |
| precedenza | **preferencia** | *preferénθia* |
| dare la precedenza | **ceder el paso** | *θedér el páso* |
| rotatoria | **intersección rotatoria** | *intersekθión rotatória* |
| segnali stradali | **señales de tráfico** | *segnáles de tráfiko* |
| semaforo | **semáforo** | *semáforo* |
| rosso/verde/giallo | **rojo/verde/amarillo** | *róχo/bérde/amaríglio* |
| senso unico | **dirección obligatória** | *direkθión obligatória* |
| sorpasso | **adelantamiento** | *adelantamiénto* |
| spartitraffico | **guardacamino** | *guardakamíno* |
| strada | **carretera** | *karretéra* |
| principale | **calle mayor** | *káglie magiór* |
| senza uscita | **calle sin salida** | *káglie sin salída* |
| sterrata | **carretera sin asfaltar** | *karretéra sin asfaltár* |
| strisce pedonali | **paso de cebra/peatonal** | *páso de θébra/peatonál* |
| superstrada | **autovía** | *autobía* |
| tangenziale | **tangencial** | *tanχenθiál* |
| traffico | **tráfico** | *tráfiko* |
| velocità | **velocidad** | *beloθidá(d)* |
| vigile | **guardia urbano** | *guárdia urbáno* |

## *Autostop*

| | | |
|---|---|---|
| autostop | **autoestop** | *autoestóp* |
| autostoppista | **autoestopista** | *autoestopísta* |
| dare un passaggio | **llevar** | *gliebár* |

Mi può dare un passaggio? — **¿Puede llevarme en coche?** *puéde gliebárme en kóce*

**¿Adónde va?** *adónde ba* — Dove sta andando?

Vorrei scendere qui, per favore — **Quisiera bajar aquí, por favor** *kisiéra baχár akí por fabór*

Grazie per il passaggio — **Gracias por llevarme/traerme** *gráθias por gliebárme/traérme*



## Cartelli e segnali stradali

| | | |
|---|---|---|
| **Adelantamiento prohibido** | *adelantamiénto proibído* | Divieto di sorpasso |
| **Aeropuerto** | *aeropuérto* | Aeroporto |
| **Aparcamiento** | *aparkamiénto* | Parcheggio |
| **Arcén** | *arθén* | Corsia di emergenza |
| **Área de servicio** | *área de serbíθio* | Area di servizio |
| **Autopista** | *autopísta* | Autostrada |
| **Calle sin salida** | *káglie sin salída* | Strada senza uscita |
| **Callejón sin salida** | *kaglieχón sin salída* | Vicolo cieco |
| **Ceda el paso** | *θéda el páso* | Dare la precedenza |
| **Centro ciudad** | *θéntro θiudá(d)* | Centro città |
| **Congestión** | *konχestión* | Traffico rallentato |
| **Cruce** | *krúθe* | Incrocio |
| **Desviación** | *desbiaθión* | Deviazione |
| **Dirección única** | *direkθión únika* | Senso unico |
| **Estación de ferrocarriles** | *estaθión de ferrokarríles* | Stazione ferroviaria |
| **Estación de metro** | *estaθión de métro* | Stazione della metropolitana |
| **Estacionamiento prohibido** | *estaθionamiénto proibído* | Divieto di sosta |
| **Grúa** | *grúa* | Rimozione forzata |

| | | |
|---|---|---|
| **Hospital** | *ospitál* | Ospedale |
| **No crucen las vías** | *no krúθen las bías* | Non attraversare i binari |
| **Obras** | *óbras* | Lavori in corso |
| **Parada discrecional** | *paráda diskreθionál* | Fermata facoltativa |
| **Paso a nivel** | *páso a nibél* | Passaggio a livello |
| **Paso para peatones** | *páso pára peatónes* | Passaggio pedonale |
| **Peaje** | *peáχe* | Pedaggio |
| **Policía urbana** | *poliθía urbána* | Vigili urbani |
| **Prohibido el paso** | *proibído el páso* | Divieto di transito |
| **Reducir la velocidad** | *reduθír la beloθidá(d)* | Rallentare |
| **Reservado para minusválidos** | *reserbádo pára minusbálidos* | Riservato ai disabili |
| **Ronda** | *rónda* | Circonvallazione |
| **Tangencial** | *tanχenθiál* | Tangenziale |
| **Terminal de autobuses** | *terminál de autobúses* | Autostazione |
| **Vado permanente** | *bádo permanénte* | Passo carrabile |
| **Viraje peligroso** | *biráχe peligróso* | Curva pericolosa |
| **Zona azul** | *θóna aθúl* | Zona disco |
| **Zona peatonal** | *θóna peatonál* | Zona pedonale |

## *Parcheggio*

| | | |
|---|---|---|
| biglietto di sosta | **ticket** | *tíket* |
| carro attrezzi | **grúa** | *grúa* |
| disco orario | **disco horario** | *dísko orário* |
| ganasce | **cepos** | *θépos* |
| parcheggiatore | **aparcador** | *aparkadór* |
| parcheggio | **aparcamiento/parking** | *aparkamiénto/párkin* |
| a pagamento | **con parquímetro** | *kon parkímetro* |
| custodito/incustodito | **vigilado/no vigilado** | *viχiládo/no viχiládo* |
| libero/completo | **libre/completo** | *líbre/kompléto* |
| sotterraneo | **inferior** | *inferiór* |
| parchimetro/parcometro | **parquímetro** | *parkímetro* |

Posso lasciare qui la macchina?
**¿Puedo dejar aquí el coche?**
*puédo deχár akí el kóce*

Quanto tempo posso sostare?
**¿Cuánto tiempo se puede estacionar?**
*kuánto tiémpo se puéde estaθionár*

Trasporti

| | | |
|---|---|---|
| **Aquí está prohibido aparcar**<br>*akí está proibído aparkár* | | Qui non si può parcheggiare |

Mi può indicare il parcheggio più vicino? — **¿Puede decirme cuál es el aparcamiento/ parking más cercano?**
*puéde deθírme kuál es el aparkamiénto/ párkin más θerkáno*

Il parcometro accetta monete/carte di credito? — **¿El parquímetro acepta monedas/tarjetas de crédito?**
*el parkímetro aθépta monédas/tarχétas de krédito*

| | | |
|---|---|---|
| **Paguen antes de coger el coche**<br>*pághen ántes de koχér el kóce* | | Si prega di pagare alla cassa prima di ritirare l'auto |

## *Stazione di servizio*

| | | |
|---|---|---|
| antigelo | **anticongelante** | *antikonχelánte* |
| autolavaggio | **autolavado** | *autolavádo* |
| benzina | **gasolina** | *gasolína* |
| senza piombo/verde | **sin plomo** | *sin plómo* |
| catene da neve | **cadenas de nieve** | *kadénas de niébe* |
| distributore di benzina | **gasolinera** | *gasolinéra* |
| pompa | **surtidor de gasolina** | *surtidór de gasolína* |
| gasolio | **gasóleo** | *gasóleo* |
| GPL | **GLP (gas licuado de petróleo)** | *χe-éle-pe (gas likuádo de petróleo)* |
| grasso | **grasa** | *grása* |
| lubrificante | **lubricante** | *lubrikánte* |
| miscela | **carburante** | *karburánte* |
| metano | **metano** | *metáno* |
| riserva | **reserva** | *resérba* |
| serbatoio | **depósito de gasolina** | *depósito de gasolína* |
| stazione di servizio | **estación de servicio** | *estaθión de serbíθio* |
| tanica | **bidón** | *bidón* |

Sono rimasto senza benzina — **Me he quedado sin gasolina**
*me e kedádo sin gasolína*

Dove posso trovare un distributore? — **¿Dónde puedo encontrar una gasolinera?**
*dónde puédo enkontrár úna gasolinéra*

| | |
|---|---|
| È lontana la stazione di servizio? | **¿Queda muy lejos la estación de servicio?** *kéda múi léχos la estaθión de serbíθio* |
| Il pieno, per favore | **Llénelo, por favor** • *gliénelo por fabór* |
| Mi faccia 30 euro di benzina verde | **Me ponga treinta euros de gasolina sin plomo** *me pónga tréinta éuros de gasolína sin plómo* |
| Quanto costa il gasolio al litro? | **¿Cuánto cuesta un litro de gasóleo?** *kuánto kuésta un lítro de gasóleo* |
| Vorrei una lattina d'olio | **Quisiera una lata de aceite** *kisiéra úna láta de aθéite* |
| Mi può cambiare i tergicristalli/lavare il vetro? | **¿Me puede cambiar el limpiaparabrisas/ lavar los cristales?** • *me puéde kambiár el limpiaparabrísas/lavár los kristáles* |
| Può controllare la pressione delle gomme/l'acqua/ il livello dell'olio? | **¿Puede comprobar la presión de los neumáticos/ el agua/el nivel del aceite?** *puéde komprobár la presión de los neumátikos/ el água/el nibél del aθéite* |

| | |
|---|---|
| **Falta el aceite. ¿Quiere añadirlo?** *fálta el aθéite kiére agnadírlo* | Manca olio. Vuole aggiungerlo? |

## *Dal meccanico e dal gommista*

| | | |
|---|---|---|
| autoaccessori | **accesorios** | *akθesórios* |
| autofficina | **taller mecánico** | *tagliér mekániko* |
| elettrauto | **taller de reparaciones electro-mecánicas** | *tagliér de reparaθiónes eléktro-mekánikas* |
| gomma/pneumatico | **neumático** | *neumátiko* |
| camera d'aria | **cámara de neumático** | *kámara de neumátiko* |
| gommista (chi vende) | **tienda de neumáticos** | *tiénda de neumátikos* |
| (chi ripara) | **taller de cambio neumáticos** | *tagliér de kámbio neumátikos* |
| meccanico | **mecánico** | *mekániko* |
| pezzo di ricambio | **pieza de repuesto** | *piéθa de repuésto* |
| riparazione | **reparación** | *reparaθión* |
| ruota | **rueda** | *ruéda* |
| anteriore/posteriore | **delantera/trasera** | *delantéra/traséra* |
| di scorta | **rueda de repuesto** | *ruéda de repuésto* |

| | |
|---|---|
| Ho bisogno di un meccanico | **Necesito un mecánico**<br>*neθeθíto un mekániko* |
| La mia macchina non parte/non tiene il minimo | **Mi coche no arranca/está bajo de revoluciones**<br>*mi kóce no arránka/está báχo de reboluθiónes* |
| Il motore perde colpi/ batte in testa | **El motor gripa/Las válvulas comienzan a martillear/fallar**<br>*el motór grípa/las bálbulas komiénθan a martigliéar/fagliár* |
| Forse la batteria è scarica | **Talvez la batería está descargada**<br>*talbéθ la batería está deskargáda* |
| Ha dei cavi per la batteria? | **¿Tiene cables de batería?**<br>*tiéne kábles de batería* |
| Ho una gomma a terra | **Tengo un neumático deshinchado**<br>*téngo un neumátiko desinciádo* |
| Ha questo pezzo di ricambio? | **¿Tiene esta pieza de repuesto?**<br>*tiéne ésta piéθa de repuésto* |

| | |
|---|---|
| **Desgraciadamente no tengo ésta …**<br>*desgraθiadaménte no téngo ésta* | Purtroppo non ho questa … |

| | |
|---|---|
| Mi può cambiare l'olio? | **¿Puede cambiar el aceite?**<br>*puéde kambiár el aθéite* |
| Controlli i freni, per favore | **Compruebe los frenos, por favor**<br>*kompruébe los frénos por fabór* |
| Può riparare il guasto? | **¿Puede hacer esta reparación?**<br>*puéde aθér ésta reparaθión* |

| | |
|---|---|
| **Hay que cambiar las bujías**<br>*ái ke kambiár las buχíasi* | Bisogna cambiare le candele |

| | |
|---|---|
| Quanto tempo ci vorrà? | **¿Necesitará/Tardará mucho tiempo?**<br>*neθesitará/tardará múcio tiémpo* |
| Quando posso ritirare l'auto? | **¿Cuándo puedo recoger el coche?**<br>*kuándo puédo rekoχér el kóce* |

| | |
|---|---|
| **Está todo en orden/El coche está arreglado**<br>*está tódo en órden/el kóce está arregládo* | È tutto a posto/ L'auto è pronta |

## *Incidenti*

| | | |
|---|---|---|
| incidente | **accidente** | *akθidénte* |
| investire | **atropellar** | *atropegliár* |
| rimorchiare | **remolcar** | *remolkár* |
| scontro | **choque** | *cióke* |
| frontale | **frontal** | *frontál* |
| soccorso stradale | **auxilio en carretera** | *auksílio en karretéra* |
| tamponamento | **choque trasero** | *cióke traséro* |
| telefono di emergenza | **teléfono de emergencia** | *teléfono de emerχénθia* |
| testimone | **testigo** | *testígo* |
| triangolo di segnalazione | **triángulo de seguridad** | *triángulo de seguridá(d)* |

Ho avuto un incidente — **He tenido un accidente**
*e tenído un akθidénte*

**¿Hay algún herido?** — Ci sono feriti?
*ái algún erído*

C'è un ferito grave — **Hay un herido grave**
*ái un erído grábe*

Chiami un'ambulanza/la polizia, per favore — **Llame una ambulancia/a la policía, por favor**
*gliáme úna ambulánθia/a la poliθía por fabór*

Non è stata colpa mia — **No ha sido culpa mía**
*no a sído kúlpa mía*

Non mi ha dato la precedenza/È passato col rosso — **No me ha cedido el paso/Ha pasado en rojo**
*no me a θedído el páso/a pasádo en róχo*

È lui/lei che mi ha urtato — **Es él/ella que ha chocado contra mí**
*es el/églia ke a ciokádo kóntra mi*

**No he visto el estop. Usted tiene razón, lo siento**
*no e bísto el estóp usté(d) tiéne raθón lo siénto* — Non ho visto lo stop. Lei ha ragione, mi dispiace

Accetta di fare la constatazione amichevole? — **¿Acepta intercambiar información de seguros/los papeles del seguro?**
*aθépta interkambiár informaθión de segúros/los papéles del segúro*

Trasporti

| | |
|---|---|
| **Aquí tiene el nombre y la dirección de mi aseguradora**<br>*akí tiéne el nómbre i la direkθión de mi aseguradóra* | Ecco il nome e l'indirizzo della mia assicurazione |

| | |
|---|---|
| Mi può fare da testimone? | **¿Puede hacerme de testigo?**<br>*puéde aθérme de testígo* |
| Mi mandi un carro attrezzi | **Envíeme una grúa**<br>*enbíeme úna grúa* |
| Può trainare la mia macchina? | **¿Puede remolcar mi coche?**<br>*puéde remolkár mi kóce* |
| Mi può dare un passaggio? | **¿Puede llevarme en coche?**<br>*puéde gliebárme en kóce* |

## *Polizia stradale*

| | | |
|---|---|---|
| conducente/guidatore | **conductor** | *konduktór* |
| contravvenzione/multa | **multa** | *múlta* |
| etilometro | **etilómetro** | *etilómetro* |
| infrazione | **infracción** | *infrakθión* |
| limite di velocità | **límite de velocidad** | *límite de beloθidá(d)* |
| polizia stradale | **policía de carretera** | *poliθía de karretéra* |

| | |
|---|---|
| **Enséñeme el carné de conducir/el carné de circulación/el seguro, por favor**<br>*enségneme el karné de konduθír/el karné de θirkulaθión/el segúro por fabór* | Mi dia la patente/ il libretto di circolazione/ l'assicurazione, per favore |
| **Tiene que pagar una multa**<br>*tiéne ke pagár úna múlta* | Deve pagare una multa |

| | |
|---|---|
| Per quale motivo? | **Quisiera saber el motivo**<br>*kisiéra sabér el motíbo* |

| | |
|---|---|
| **Ha superado el límite de velocidad**<br>*a superádo el límite de beloθidá(d)* | Ha superato il limite di velocità |
| **Circulaba a una velocidad de ochenta kilómetros horarios** • *θirkulába a úna beloθidá(d) de océnta kilómetros orários* | Viaggiava a una velocità di 80 km all'ora |
| **Hablaba con el móvil mientras conducía**<br>*ablába kon el móbil miéntras konduθía* | Parlava al cellulare mentre guidava |

| | |
|---|---|
| **Conducción en estado de embriaguez**<br>*kondukθión en estádo de embriaghéθ* | Guida in stato di ubriachezza |
| **Ha aparcado donde está prohibido estacionar**<br>*a aparkádo dónde está proibído estaθionár* | Ha posteggiato in divieto di sosta |

Quant'è la multa? **¿Cuánto es la multa?**
*kuánto es la múlta*

## Treno

| | | |
|---|---|---|
| abbonamento | **abono** | *abóno* |
| giornaliero | **diario** | *diário* |
| mensile | **mensual** | *mensuál* |
| settimanale | **semanal** | *semanál* |
| capostazione | **jefe de estación** | *χéfe de estaθión* |
| capotreno | **jefe de tren** | *χéfe de tren* |
| carrozza | **vagón/coche** | *bagón/kóce* |
| ristorante | **coche restaurante** | *kóce restauránte* |
| classe | **clase** | *kláse* |
| prima/seconda | **primera/segunda** | *priméra/segúnda* |
| controllore | **revisor** | *rebisór* |
| corridoio | **pasillo** | *pasíglio* |
| cuccetta | **litera** | *litéra* |
| cuscino | **almohada** | *almoáda* |
| facchino/portabagagli | **mozo** | *móθo* |
| fermata | **parada** | *paráda* |
| ferrovia | **ferrocarril** | *ferrokarríl* |
| galleria | **túnel** | *túnel* |
| locomotiva | **locomotora** | *lokomotóra* |
| macchina obliteratrice | **validadora** | *balidadóra* |
| macchinista | **maquinista** | *makinísta* |
| passaggio a livello | **paso a nivel** | *páso a nibél* |
| rotaie | **rieles** | *riéles* |
| scompartimento | **compartimiento** | *kompartimiénto* |
| sportello | **puerta** | *puérta* |
| stazione | **estación** | *estaθión* |
| supplemento | **suplemento** | *supleménto* |
| treno | **tren** | *tren* |

| | | |
|---|---|---|
| diretto | **directo** | *dirékto* |
| espresso | **expreso** | *ekspréso* |
| Intercity | **Talgo** | *tálgo* |
| Eurostar | **AVE** | *ábe* |
| cambiare treno | **cambiar de tren** | *kambiár de tren* |
| perdere il treno | **perder el tren** | *perdér el tren* |
| vagone | **vagón** | *bagón* |
| letto | **coche cama** | *kóce káma* |
| merci | **vagón de carga** | *bagón de kárga* |

| | | |
|---|---|---|
| **Freno de emergencia** | *fréno de emerχénθia* | Freno d'emergenza |
| **Vía** | *bía* | Binario |
| **Paso subterráneo** | *páso subterráneo* | Sottopassaggio |
| **Sala de espera** | *sála de espéra* | Sala d'attesa |
| **Es peligroso asomarse al exterior** | *es peligróso asomárse al eksteriór* | È pericoloso sporgersi dal finestrino |



## *Alla stazione*

Quando parte il treno per Burgos?
**¿A qué hora sale el tren para Burgos?**
*a ke óra sále el tren pára búrgos*

Da quale binario?
**¿De qué vía sale?**
*de ke bía sále*

A che ora arriva?
**¿A qué hora llega?**
*a ke óra gliéga*

Il treno delle 10 si ferma a ...?
**¿El tren de las diez para en ...?**
*el tren de las diéθ pára en*

**No, este tren va directamente a Valencia**
*no éste tren ba direktaménte a balénθia*
No, questo treno va direttamente a Valencia

È un treno diretto o devo cambiare?
**¿Es un tren directo o tengo que hacer transbordo?**
*es un tren dirékto o téngo ke aθér transbórdo*

**Tiene que coger el enlace en...**
*tiéne ke koχér el enláθe en...*
Deve cambiare a ...

A che ora è la coincidenza per Cáceres? — **¿A qué hora es el enlace para Cáceres?**
*a ke óra es el enláθe pára káθeres*

**El tren de las once treinta para Zaragoza está a punto de salir en la vía diez**
*el tren de las ónθe tréinta pára θaragóθa está a púnto de salír en la bía diéθ*
Il treno delle 11.30 per Saragozza è in partenza al binario 10

**El tren expreso procedente de Burgos está a punto de llegar en la vía tres**
*el tren ekspréso proθedénte de búrgos está a púnto de gliegár en la bía tres*
L'espresso proveniente da Burgos è in arrivo al binario 3

**El tren lleva retraso/es puntual**
*el tren gliéba retráso/es puntuál*
Il treno è in ritardo/ in orario

## *In treno*

Permesso — **Con permiso** • *kon permíso*

Scusi, è libero questo posto? — **Perdone ¿está libre este asiento?**
*perdóne está líbre éste asiénto*

**No, está ocupado/reservado**
*no está okupádo/reserbádo*
No, è occupato/ prenotato

Posso mettere qui la valigia? — **¿Puedo poner aquí mi maleta?**
*puédo ponér akí mi maléta*

**¡Billetes, por favor!**
*bigliétes por fabór*
Biglietti, prego

**Está prohibido fumar en el tren**
*está proibído fumár en el tren*
Sul treno è vietato fumare

**¿Le importa abrir/cerrar la ventanilla?**
*le impórta abrír/θerrár la bentaníglia*
Le dispiace aprire/ chiudere il finestrino?

Quando arriviamo a Bilbao? — **¿Cuándo llegamos a Bilbao?**
*kuándo gliegámos a bilbáo*

Dov'è la carrozza ristorante? — **¿Dónde está el coche restaurante?**
*dónde está el kóce restauránte*

**Al final/A la cabeza del tren**
*al finál/a la kabéθa del tren*
In coda/In testa al treno

Trasporti

## *Al deposito bagagli*

| | |
|---|---|
| Dov'è il deposito bagagli? | **¿Dónde está la consigna?**<br>*dónde está la konsíghna* |
| Gli armadietti funzionano con monete? | **¿Los armarios funcionan con monedas?**<br>*los armários funθiónan kon monédas* |
| Quanto costa il deposito di una valigia? | **¿Cuanto cuesta el depósito de una maleta?**<br>*kuánto kuésta el depósito de úna maléta* |
| Posso lasciare la valigia per più giorni? | **¿Puedo dejar la maleta para algunos días?**<br>*puédo deχár la maléta pára algúnos días* |
| Si paga al ritiro? | **¿Hay que pagar cuando se recoge el equipaje?**<br>*ái ke pagár kuándo se rekóχe el ekipáχe* |



## Nave

| | | |
|---|---|---|
| aliscafo | **hidroala** | *idroála* |
| banchina | **muelle** | *muéglie* |
| barca/imbarcazione | **barca** | *bárka* |
| battello | **bote** | *bóte* |
| cabina | **camarote** | *kamaróte* |
| canotto di salvataggio | **bote de salvamento** | *bóte de salbaménto* |
| capitano | **capitán** | *kapitán* |
| crociera | **crucero** | *kruθéro* |
| equipaggio | **tripulación** | *tripulaθión* |
| giubbotto di salvataggio | **chaleco salvavidas** | *cialéko salbabídas* |
| imbarcadero | **embarcadero** | *embarkadéro* |
| imbarco | **embarque** | *embárke* |
| mare | **mar** | *mar* |
| calmo/mosso | **calmo/agitado** | *kálmo/aχitádo* |
| marinaio | **marinero** | *marinéro* |
| miglio marino | **milla marina** | *míglia marína* |
| molo | **muelle** | *muéglie* |
| naufragio | **naufragio** | *naufráχio* |
| nave | **barco** | *bárko* |
| navigazione | **navegación** | *nabegaθión* |
| nodo | **nudo** | *núdo* |

| | | |
|---|---|---|
| ormeggiare | **amarrar** | *amarrár* |
| ormeggio | **amarradura** | *amarradúra* |
| passaggio ponte | **butaca** | *butáka* |
| peschereccio | **pesquero** | *peskéro* |
| poppa | **popa** | *pópa* |
| porto | **puerto** | *puérto* |
| profondità | **profundidad** | *profundidá(d)* |
| prua | **proa** | *próa* |
| rimorchiatore | **remolcador** | *remolkadór* |
| rotta | **ruta** | *rúta* |
| salpare | **zarpar** | *θarpár* |
| salvagente | **salvavidas** | *salbabídas* |
| sbarco | **desembarco** | *desembárko* |
| scialuppa di salvataggio | **lancha/chalupa de salvamento** | *láncia/cialúpa de salbaménto* |
| timone | **timón** | *timón* |
| traghetto | **ferry** | *férri* |
| traversata | **travesía** | *trabesía* |
| vaporetto | **barco de vapor** | *bárko de bapór* |
| zattera | **balsa** | *bálsa* |

| | |
|---|---|
| Da dove parte il traghetto per …? | **¿De dónde sale el ferry para …?** *de dónde sále el férri pára* |
| La nave fa scalo a …? | **¿El barco hace escala en …?** *el bárko áθe eskála en* |
| Ogni quanto parte l'aliscafo? | **¿Cada cuánto sale el hidroala?** *káda kuánto sále el idroála* |

**Cada hora** *káda óra* — Ogni ora

| | |
|---|---|
| Quanto dura il giro turistico in battello? | **¿Cuánto dura la gira turística en bote?** *kuánto dúra la χíra turístika en bóte* |
| C'è un bar sulla nave? | **¿Hay bar en el barco?** *ái bar en el bárko* |
| Com'è il mare oggi? | **¿Cómo está el mar hoy?** *kómo está el mar ói* |
| Ho il mal di mare | **Estoy mareado** *estói mareádo* |

Trasporti

## Trasporti urbani ed extraurbani

In Spagna, i biglietti si possono acquistare sull'autobus oppure nelle edicole e nelle tabaccherie (**estancos**); in metropolitana esistono anche appositi distributori automatici. Nelle città sono in vendita diversi tipi di blocchetti a tariffa speciale (**bonobús**) oltre agli abbonamenti mensili o annuali (**abonos**).

| | | |
|---|---|---|
| abbonamento all'autobus | **abono** | *abóno* |
| autista | **conductor** | *konduktór* |
| autobus | **autobús** | *autobús* |
| capolinea | **terminal** | *terminál* |
| controllore | **revisor** | *rebisór* |
| fermata | **parada** | *paráda* |
| filobus | **trolebús** | *trolebús* |
| linea | **línea** | *línea* |
| macchina obliteratrice | **validadora** | *balidadóra* |
| metropolitana | **metro** | *métro* |
| percorso | **recorrido** | *rekorrído* |
| pullman | **autocar** | *autokár* |
| tassametro | **taxímetro** | *taksímetro* |
| taxi | **taxi** | *táksi* |
| tram | **tranvía** | *trambía* |

| | | |
|---|---|---|
| **estación de autobuses** | *estaθión de autobúses* | stazione degli autobus |
| **parada del autobús** | *paráda del autobús* | fermata dell'autobus |
| discrecional | *diskreθionál* | fermata facoltativa |
| obligatoria | *obligatória* | fermata obbligatoria |
| **parada de tranvía** | *paráda de trambía* | fermata del tram |
| **prohibido hablar con el conductor** | *proibído ablár kon el konduktór* | vietato parlare al conducente |
| **taxi libre** | *táksi líbre* | taxi libero |

### *Autobus, tram e metropolitana*

Quale autobus va alla stazione?
**¿Cuál es el autobús que va a la estación de trenes?** *kuál es el autobús ke ba a la estaθión de trénes*

Quali mezzi devo prendere per arrivare in centro?
**¿Qué medios de transporte tengo que coger para ir al centro?** • *ke médios de transpórte téngo ke koχér pára ir al θéntro*

| | | |
|---|---|---|
| Dov'è la fermata del 6? | **¿Dónde está la parada del seis?** *dónde está la paráda del séis* | |
| Dove devo cambiare? | **¿Dónde tengo que hacer transbordo?** *dónde téngo ke aθér transbórdo* | |
| Quanto dura il biglietto dell'autobus? | **¿Qué validez tienen los billetes de autobús?** *ke balidéθ tiénen los bigliétes de autobús* | |
| Dov'è la stazione della metropolitana più vicina? | **¿Dónde está la estación de metro más cercana?** *dónde está la estaθión de métro mas θerkána* | |
| Devo andare alla cattedrale, può dirmi dove devo scendere? | **Tengo que ir a la catedral ¿puede decirme cuándo tengo que bajar?** • *téngo ke ir a la katedrál puéde deθírme kuándo téngo ke baχár* | |

| | |
|---|---|
| **Tiene que bajar en la tercera parada** *tiéne ke baχár en la terθéra paráda* | Deve scendere alla terza fermata |

| | |
|---|---|
| Permesso, devo scendere alla prossima fermata | **Con permiso, tengo que bajar en la próxima parada** *kon permíso téngo ke baχár en la próksima paráda* |

## *Taxi*

| | |
|---|---|
| C'è un posteggio di taxi qui vicino? | **¿Hay una parada de taxi por aquí cerca?** *ái úna paráda de táksi por akí θérka* |
| Ho molta fretta, mi può chiamare un taxi? | **Tengo mucha prisa, ¿puede llamar a un taxi?** *téngo múcia prísa puéde gliamár a un táksi* |
| Mi può dare il numero di un radiotaxi? | **¿Me puede dar el número de un radio taxi?** *me puéde dar el número de un rádio táksi* |
| Può mandarmi un taxi in via ..., al numero ...? | **¿Puede mandar un taxi a la calle ..., número ...?** *puéde mandár un táksi a la káglie ... número ...* |
| Quanto costa andare all'aeroporto? | **¿Cuánto cuesta ir hasta el aeropuerto?** *kuánto kuésta ir ásta el aeropuérto* |
| Fra quanto tempo sarà qui? | **¿Dentro de cuánto tiempo llegará aquí?** *déntro de kuánto tiémpo gliegará akí* |
| È libero il taxi? | **¿El taxi está libre?** *el táksi está líbre* |

| | |
|---|---|
| **Por favor, tome asiento** • *por fabór tóme asiénto* | Prego, si accomodi |

| | | |
|---|---|---|
| **No, está ocupado** • *no está okupádo* | | No, è occupato |

| | |
|---|---|
| A questo indirizzo, per favore | **Lléveme a estas señas, por favor** *gliébeme a éstas ségnas por fabór* |
| Può aspettarmi? | **¿Puede esperarme?** *puéde esperárme* |
| Si fermi all'angolo | **Pare en la esquina, por favor** *páre en la eskína por fabór* |
| Quanto le devo? | **¿Cuánto le debo?** *kuánto le débo* |

| | | |
|---|---|---|
| **¿Quiere un recibo?** • *kiére un reθíbo* | | Vuole la ricevuta? |

## *Pullman*

| | |
|---|---|
| Desidero gli orari dei pullman per Oviedo | **Quisiera el horario de los autocares para Oviedo** *kisiéra el orário de los autokáres pára obiédo* |
| Quante soste ci sono? | **¿Cuántas paradas hace el autocar?** *kuántas parádas áθe el autokár* |
| Quanto dura il viaggio? | **¿Cuánto dura el viaje?** *kuánto dúra el biáχe* |
| C'è la toilette sul pullman? | **¿Hay servicio de baño a bordo del autocar?** *ái serbíθio de bágno a bórdo del autokár* |
| Dove si acquistano i biglietti? | **¿Dónde se compran los billetes?** *dónde se kómpran los bigliétes* |
| Ci sono corse notturne per la Galizia? | **¿Hay viajes nocturnos para Galicia?** *ái biáχes noktúrnos pára galíθia* |

## Bici e moto

| | | |
|---|---|---|
| bicicletta/bici | **bicicleta** | *biθikléta* |
| city bike | **urbana/de paseo/ de ciudad** | *urbána/de paséo/ de θiudá(d)* |
| da corsa | **de carreras** | *de karréras* |
| pieghevole | **plegable** | *plegáble* |
| tandem | **tándem** | *tándem* |
| campanello | **timbre** | *tímbre* |

| | | |
|---|---|---|
| casco | **casco** | *kásko* |
| catena con lucchetto | **cadena con candado** | *kadéna kon kandádo* |
| catena della bici | **cadena de la bicicleta** | *kadéna de la biθikléta* |
| ciclista | **ciclista** | *θiklísta* |
| cilindrata | **cilindrada** | *θilindráda* |
| freni | **frenos** | *frénos* |
| luci catarifrangenti | **luces refractoras/ reflectantes** | *lúθes refraktóras/ reflektántes* |
| manubrio | **manillar** | *manigliár* |
| motocicletta/moto | **motocicleta** | *motoθikléta* |
| motociclista | **motociclista** | *motoθiklísta* |
| motorino | **ciclomotor** | *θiklomotór* |
| mountain bike | **mountain bike** | *móuntan báik* |
| pedali | **pedales** | *pedáles* |
| pista ciclabile | **senda ciclable** | *sénda θiklábIe* |
| pompa | **bomba para hinflar** | *bómba pára inflár* |
| ruote | **ruedas** | *ruédas* |
| sellino | **sillín** | *siglín* |
| tuta da moto | **mono para moto** | *móno pára móto* |

| | |
|---|---|
| Dove posso noleggiare una bici/un motorino? | **¿Dónde puedo alquilar una bicicleta/ un ciclomotor?** *dónde puédo alkilár úna biθikléta/un θiklomotór* |
| Qual è la tariffa oraria/ giornaliera? | **¿Cuál es la tarifa horaria/diaria?** *kuál es la tarífa orária/diária* |
| Ci sono piste ciclabili nei dintorni? | **¿Hay sendas ciclables en los alrededores?** *ái séndas θiklábles en los alrededóres* |
| Desidero informazioni sugli itinerari per mountain bike | **Quiero informaciones sobre los itinerarios para mountain bike** • *kiéro informaθiónes sóbre los itinerários pára móuntan báik* |
| Dove posso far riparare la mia bicicletta? | **¿Dónde puedo arreglar mi bicicleta?** *dónde puédo arreglár mi biθikléta* |
| Ho la gomma della moto bucata. Cerco un'officina/ un gommista | **La llanta de mi moto está pinchada. Estoy buscando un taller/una tienda de neumáticos** *la gliánta de mi móto está pinciáda estói buskándo un tagliér/úna tiénda de neumátikos* |

# Facilitazioni particolari

## In viaggio con i bambini

Per le malattie dei bambini, le visite e le cure mediche, si veda anche la sezione *10. Salute e assistenza sanitaria.*

| | | |
|---|---|---|
| bambino/a | **niño/a** | *nígno/a* |
| bebé | **bebé** | *bebé* |
| bavaglino | **babero** | *babéro* |
| biberon | **biberón/mamadera** | *biberón/mamadéra* |
| box | **corral** | *korrál* |
| carrozzina | **cochecito** | *koceθíto* |
| culla | **cuna** | *kúna* |
| fasciatoio | **envolvedor** | *enbolbedór* |
| interfono | **interfono** | *interfóno* |
| latte | **leche** | *léce* |
| latte in polvere | **en polvo/ deshidratada** | *en pólbo/ desidratáda* |
| lettino | **cama** | *káma* |
| marsupio | **portabebé** | *portabebé* |
| neonato/a | **recién nacido/a** | *reθién naθído/a* |
| omogeneizzato | **potito** | *potíto* |
| pannolino | **pañal/dodotis** | *pagnál/dodótis* |
| pappa | **papilla** | *papíglia* |
| passeggino | **sillita** | *siglíta* |
| salviettine igieniche | **toallas húmedas** | *toáglias úmedas* |
| scaldabiberon | **calienta biberones** | *kaliénta biberónes* |
| seggiolino per auto | **butaca de auto** | *butáka de áuto* |
| seggiolone | **silla de comer** | *síglia de komér* |
| succhiotto/ciuccio | **chupete** | *ciupéte* |
| tettarella (di biberon) | **chupete** | *ciupéte* |
| vasino | **orinal** | *orinál* |

Viaggio con un bambino di due anni — **Estoy viajando con un niño de dos años**
*estói biaχándo kon un nígno de dos ágnos*

| | |
|---|---|
| Fino a quale età ci sono riduzioni sui mezzi di trasporto? | **¿Hasta qué edad hay reducciones en los medios de transporte?** • *ásta ke edá(d) ái redukθiónes en losmédios de transpórte* |
| Ci sono sconti per famiglie/bambini sotto i 12 anni? | **¿Hay descuentos para familias/niños menores de 12 años?** *ái deskuéntos pára famílias/nígnos menóres de 12 ágnos* |
| Posso portare il passeggino come bagaglio a mano? | **¿Puedo llevar el cochecito como equipaje de mano?** *puédo gliebár el koceθíto kómo ekipáχe de máno* |
| Dove posso cambiare il bambino? | **¿Dónde puedo cambiarle los pañales al niño?** *dónde puédo kambiárle los pagnáles al nígno* |
| C'è un locale con fasciatoio? | **¿Hay una habitación con envolvedor?** *ái úna abitaθión kon enbolbedór* |
| È possibile riscaldare il biberon? | **¿Es posible calentar el biberón?** *es posíble kalentár el biberón* |
| Si può aggiungere un lettino in camera? | **¿Pueden poner una cama para niños en la habitación?** *puéden ponér úna kama pára nígnos en la abitaθión* |
| Ci sono intrattenimenti per bambini? | **¿Hay animación para niños?** *ái animaθión pára nígnos* |
| C'è un parco giochi/una piscina per bambini? | **¿Hay un parque infantil/una piscina para niños?** *ái un párke infantíl/úna pisθína pára nígnos* |
| Vorrei noleggiare una bici con seggiolino | **Quisiera alquilar una bicicleta con una silla para niños** *kisiéra alkilár úna biθikléta kon úna síglia pára nígnos* |
| Avete un menu per bambini? | **¿Tienen menú para niños?** *tiénen menú pára nígnos* |
| Potrei avere un seggiolone? | **¿Tienen una silla de comer para bebés?** *tiénen úna síglia de komér pára bebés* |
| Desidero prenotare una baby-sitter | **Quiero reservar un servicio de cuidado de niños** *kiéro reserbár un serbíθio de kuidádo de nígnos* |
| Vorrei chiamare un pediatra | **Quisiera llamar a un pediatra** *kisiéra gliamár a un pediátra* |

| | | |
|---|---|---|
| Il mio bambino soffre di allergie | **Mi niño tiene alergias**<br>*mi nígno tiéne alérχias* | |
| Temo che abbia la varicella | **Creo que tiene varicela**<br>*créo ke tiéne bariθéla* | |
| È caduto e si è ferito a un ginocchio | **Ha caído y se ha lastimado una rodilla**<br>*a kaído i se a lastimádo úna rodíglia* | |
| C'è un pronto soccorso qui vicino? | **¿Hay un servicio de urgencias aquí cerca?**<br>*ái un serbíθio de urχénθias akí θérka* | |

## Viaggiatori disabili

| | | |
|---|---|---|
| accesso agevolato | **acceso con facilitades** | *aksθéso kon faθilitádes* |
| senza gradini | **sin escalones** | *sin eskalónes* |
| accompagnatore | **acompañante** | *akompagnánte* |
| barriera architettonica | **barrera arquitectónica** | *barréra arkitektónika* |
| senza barriere | **sin barreras** | *sin barréras* |
| bastone canadese | **muleta** | *muléta* |
| bastone da passeggio | **bastón** | *bastón* |
| braille | **braille** | *bráil* |
| cane per non vedenti | **perro guía para no videntes** | *pérro ghía pára no bidéntes* |
| corrimano | **pasamano** | *pasamáno* |
| disabile | **minusválido** | *minusbálido* |
| handicap | **minusvalidez/ minoración** | *minusbalidéθ/ minoraθión* |
| larghezza della porta | **ancho de la puerta** | *áncio de la puérta* |
| montascale | **subescalera** | *subeskaléra* |
| non udente/sordo | **no oyente/sordo** | *no oiénte/sórdo* |
| non vedente/cieco | **no vidente/ciego** | *no bidénte/θiégo* |
| paraplegico | **parapléjico** | *parapléχiko* |
| porta automatica | **puerta automática** | *puérta automátika* |
| portatore di handicap | **minusválido** | *minusbálido* |
| rampa di accesso | **rampa de acceso** | *rámpa de akθéso* |
| scala mobile | **escalera mecánica** | *eskaléra mekánika* |
| sedia a rotelle/ carrozzella | **silla de ruedas** | *síglia de ruédas* |
| elettrica/pieghevole | **eléctrica/plegable** | *eléktrika/plegáble* |
| sedile per doccia | **asiento para ducha** | *asiénto pára dúcia* |
| sordomuto | **sordomudo** | *sordomúdo* |

| | | |
|---|---|---|
| linguaggio dei sordomuti | **lenguaje para sordomudos** | *lenguáχe pára sordomúdos* |
| stampelle | **muletas** | *mulétas* |
| tessera di invalidità | **tarjeta de invalidez** | *tarχéta de inbalidéθ* |

| | |
|---|---|
| Sono previste riduzioni per disabili sui mezzi di trasporto? | **¿En los medios de transporte están previstas reducciones para minusválidos** *en los médios de transpórte están prebístas redukθiónes pára minusbálidos* |
| Sono disponibili sedie a rotelle all'aeroporto? | **¿En el aeropuerto hay sillas de ruedas?** *en el aeropuérto ái síglias de ruédas* |
| Posso portare a bordo la mia sedia pieghevole? | **¿Puedo llevar a bordo mi silla de ruedas plegable?** *puédo gliebár a bórdo mi síglia de ruédas plegáble* |
| C'è una toilette per disabili? | **¿Hay un baño para minusválidos?** *ái un bágno pára minusbálidos* |
| Desidero l'elenco degli alberghi con strutture per disabili | **Deseo la lista de hoteles con instalaciones para minusválidos** *deséo la lísta de otéles kon instalaθiónes pára minusbálidos* |
| Vorrei una stanza attrezzata per le sedie a rotelle | **Quisiera una habitación con adaptado para sillas de ruedas** • *kisiéra úna abitaθión kon adaptádo pára síglias de ruédas* |
| Si può introdurre la sedia a rotelle nell'ascensore? | **¿La silla de ruedas entra en el ascensor?** *la síglia de ruédas éntra en el asθensór* |
| Esistono rampe di accesso al cinema/al museo? | **¿Existen rampas de acceso al cine/al museo?** *eksísten rámpas de akθéso al θíne/al muséo* |
| Vorrei noleggiare un'auto con cambio automatico/con acceleratore a mano | **Quisiera alquilar un coche con cambio automático/con acelerador de mano** *kisiéra alkilár un kóce kon kámbio automátiko/kon aθeleradór de máno* |
| Ci sono parcheggi riservati ai disabili? | **¿Hay aparcamientos reservados para minusválidos?** *ái aparkamiéntos reserbádos pára minusbálidos* |

## Portare con sé animali

| | | |
|---|---|---|
| brandina/cuccia | **cama elevada/ perrera** | *káma elebáda/ perréra* |
| gabbia (per uccelli) | **pajarera** | *paχaréra* |
| (per criceti ecc.) | **jaula** | *χáula* |
| guinzaglio | **correa** | *korréa* |
| libretto sanitario | **cartilla sanitaria/ de salud** | *kartíglia sanitária/ de salú(d)* |
| museruola | **bozal** | *boθál* |
| quarantena | **cuarentena** | *kuarenténa* |
| rabbia | **rabia** | *rábia* |
| vaccinazione | **vacuna** | *bakúna* |
| veterinario | **veterinario** | *beterinário* |

Nel vostro albergo/ nell'appartamento accettate gatti/cani?
**¿En su hotel/En el piso aceptan gatos/perros?**
*en su otél/en el píso aθéptan gátos/pérros*

Il mio gatto viaggia nella sua gabbia
**Mi gato viaja en su transportín**
*mi gáto biáχa en su transportín*

Il mio cane non morde, stia tranquillo
**Mi perro no muerde, no se preocupe**
*mi pérro no muérde no se preokúpe*

Posso portare il cane in spiaggia?
**¿Puedo llevar el perro a la playa?**
*puédo gliebár el pérro a la plágia*

**Está prohibido el acceso a los animales**
*está proibído el akθéso a los animáles*
Non è consentito l'ingresso agli animali

**¿Tiene el certificado de vacuna contra la rabia?**
*tiéne el θertifikádo de bakúna kóntra la rábia*
Ha il certificato di vaccinazione contro la rabbia?

**El perro tiene que llevar bozal**
*el pérro tiéne ke gliebár boθál*
Il cane deve portare la museruola

**No puede ir sin correa**
*no puéde ir sin korréa*
Deve essere tenuto al guinzaglio

| | |
|---|---|
| In questo ristorante è consentito l'ingresso ai cani? | **¿En este restaurante está permitida la entrada a los perros?**<br>*en éste restauránte está permitída la entráda a los pérros* |
| Alla fine del pranzo mi porti il doggy bag, per favore | **Al final de la comida tráigame las sobras para llevar, por favor**<br>*al finál de la komída tráigame las sóbras pára gliebár por fabór* |
| C'è un veterinario? Il mio cane sta male | **¿Hay un veterinario? Mi perro no está bien**<br>*ái un beterinário mi pérro no está bién* |

# 4 • ALLOGGIO E SOGGIORNO

Per le informazioni relative all'alloggio e al soggiorno di bambini e viaggiatori disabili rinviamo a *Facilitazioni particolari*, nella sezione *3. In viaggio.* Rimandiamo allo stesso capitolo anche per l'alloggio degli animali.



## Arredo e servizi

| | | |
|---|---|---|
| accappatoio | **albornoz** | *albornóθ* |
| acqua | **agua** | *água* |
| calda/fredda | **caliente/fría** | *kaliénte/fría* |
| potabile | **potable** | *potáble* |
| adattatore | **adaptador** | *adaptadór* |
| antenna | **antena** | *anténa* |
| satellitare | **satelital** | *satelitál* |
| appendiabiti/gruccia | **percha** | *pércia* |
| aria condizionata | **aire acondicionado** | *áire akondiθionádo* |
| armadio | **armario** | *armário* |
| arredamento | **decoración** | *dekoraθión* |
| ascensore | **ascensor** | *asθensór* |
| asciugacapelli/fon | **secador** | *sekadór* |
| asciugamano | **toalla** | *toáglia* |
| balcone | **balcón** | *balkón* |
| bidè | **bidé** | *bidé* |
| calorifero/termosifone | **radiador** | *radiadór* |
| cassaforte | **cajafuerte** | *kaχafuérte* |
| chiave | **llave** | *gliábe* |
| comodino | **mesita de noche** | *mesíta de nóce* |
| condizionatore | **climatizador** | *klimatiθadór* |
| coperta | **manta** | *mánta* |
| corrente elettrica | **corriente** | *korriénte* |
| divano | **sofá** | *sofá* |
| divano letto | **sofá cama** | *sofá káma* |
| doccia | **ducha** | *dúcia* |
| fare la doccia | **ducharse** | *duciárse* |
| federa | **funda de la almohada** | *fúnda de la almoáda* |

| | | |
|---|---|---|
| finestra | **ventana** | *bentána* |
| frigorifero | **frigorífico/nevera** | *frigorífiko/nebéra* |
| gabinetto | **retrete** | *retréte* |
| garage | **garage** | *garáχe* |
| interruttore | **interruptor** | *interruptór* |
| lampada | **lámpara** | *lámpara* |
| lampadina | **bombilla** | *bombíglia* |
| lavandino | **lavabo** | *labábo* |
| lavello | **fregadero** | *fregadéro* |
| lenzuolo | **sábana** | *sábana* |
| letto | **cama** | *káma* |
| a una piazza | **de una plaza** | *de úna pláθa* |
| matrimoniale | **de matrimonio** | *de matrimónio* |
| cuscino/guanciale | **almohada** | *almoáda* |
| materasso | **colchón** | *kolción* |
| piano | **piso** | *píso* |
| pianterreno | **planta baja** | *plánta báχa* |
| primo piano | **primer piso** | *primér píso* |
| piumone | **edredón** | *edredón* |
| poltrona | **sillón** | *siglión* |
| porta | **puerta** | *puérta* |
| presa di corrente | **toma de corriente** | *tóma de korriénte* |
| prolunga | **alargador** | *alargadór* |
| pulizie | **limpieza** | *limpiéθa* |
| riscaldamento | **calefacción** | *kalefakθión* |
| rubinetto | **grifo** | *grífo* |
| scala | **escalera** | *eskaléra* |
| sciacquone | **cadena** | *kadéna* |
| sedia | **silla** | *síglia* |
| specchio | **espejo** | *espéχo* |
| spina elettrica | **enchufe** | *enciúfe* |
| tappeto | **alfombra** | *alfómbra* |
| tavolo | **mesa** | *mésa* |
| telefono | **teléfono** | *teléfono* |
| televisore | **televisión** | *telebisión* |
| telecomando | **mando a distancia** | *mándo a distánθia* |
| tende | **cortinas** | *kortínas* |
| terrazza | **terraza** | *terráθa* |

| | | |
|---|---|---|
| vasca | **bañera** | *bagnéra* |
| ventilatore | **ventilador** | *bentiladór* |
| voltaggio | **voltaje** | *boltáχe* |
| water | **water/inodoro** | *báter/inodóro* |
| zanzariera | **mosquitera** | *moskitéra* |

## Alberghi, pensioni e villaggi turistici

| | | |
|---|---|---|
| acconto/caparra | **señal** | *segnál* |
| albergatore | **hotelero** | *oteléro* |
| albergo | **hotel** | *otél* |
| a cinque/due stelle | **de cinco/dos estrellas** | *de θínko/dos estréglias* |
| animatore/animatrice | **animador/a** | *animadór/animadóra* |
| capo animatore | **animador en jefe/ jefe de animación** | *animadór en χéfe/ χéfe de animaθión* |
| animazione | **animación** | *animaθión* |
| diurna/serale | **diurna/nocturna** | *diúrna/noktúrna* |
| per bambini | **infantil/para niños** | *infantíl/para nígnos* |
| attività sportive | **actividades deportivas** | *aktibidádes deportíbas* |
| balli di gruppo | **bailes de grupo/ sincronizados** | *báiles de grúpo/ sinkróniθados* |
| spettacolo | **espectáculo** | *espektákulo* |
| bungalow | **bungaló** | *bungaló* |
| camera | **habitación** | *abitaθión* |
| singola/doppia | **sencilla/doble** | *senθíglia/dóble* |
| con bagno/doccia | **con baño/ducha** | *kon bágno/dúcia* |
| con letto matrimoniale/ a due letti | **con cama de matrimonio/dos camas** | *kon káma de matrimónio/dos kámas* |
| con vista | **con vista** | *kon bísta* |
| cameriera | **camarera** | *kamaréra* |
| centralino | **centralita** | *θentralíta* |
| caparra | **señal** | *segnál* |
| chiave | **llave** | *gliábe* |
| a tessera magnetica | **con tarjeta magnética** | *kon tarχéta maghnétika* |
| frigobar | **bar-nevera** | *bar-nebéra* |
| hall | **vestíbulo** | *bestíbulo* |
| motel | **motel** | *motél* |
| pensione/locanda | **pensión/hostal** | *pensión/ostál* |

| | | |
|---|---|---|
| pensione (vitto e alloggio) | **pensión** | *pensión* |
| mezza pensione | **media pensión** | *média pensión* |
| pensione completa | **pensión completa** | *pensión kompléta* |
| portabagagli/facchino | **mozo de cuerda** | *móθo de kuérda* |
| portiere | **portero** | *portéro* |
| prenotazione | **reserva** | *resérba* |
| residence | **aparthotel** | *apartotél* |
| sala | **sala** | *sála* |
| convegni | **sala de reunión** | *sála de reunión* |
| da pranzo | **comedor** | *komedór* |
| stagione | **temporada** | *temporáda* |
| alta/bassa | **alta/baja** | *álta/báχa* |
| sveglia telefonica | **despertador telefónico** | *despertadór telefóniko* |
| villaggio turistico | **complejo turístico** | *kompléχo turístiko* |
| capovillaggio | **jefe de complejo turístico** | *χéfe de kompléχo turístiko* |

## Informazioni e prenotazioni

Può indicarmi un buon albergo/un albergo economico?
**¿Podría indicarme un buen hotel/un hotel barato?**
*podría indikárme un buén otél/un otél baráto*

Vorrei un albergo in centro/vicino al mare/tranquillo
**Quisiera un hotel céntrico/cerca del mar/tranquilo**
*kisiéra un otél θéntriko/θérka del mar/trankílo*

Posso prenotare per telefono?
**¿Puedo hacer la reserva por teléfono?**
*puédo aθér la resérba por teléfono*

**Sí, ¿me da el número de su tarjeta de crédito?**
*si me da el número de su tarχéta de krédito*
Sì, mi dia il numero della sua carta di credito

**Lo siento, pero no aceptamos reservas telefónicas**
*lo siénto péro no aθeptámos resérbas telefónikas*
Siamo spiacenti, non accettiamo prenotazioni telefoniche

Avete camere libere?
**¿Quedan/Tienen habitaciones libres?**
*kédan/tiénen abitaθiónes líbres*

**Desgraciadamente está todo agotado**
*desgraθiadaménte está tódo agotado*
Purtroppo siamo al completo/è tutto esaurito

## All'arrivo

| | |
|---|---|
| Ho fatto una prenotazione a nome Rossi | **He hecho/Tengo una riserva, me llamo Rossi** *e écio/téngo úna resérba me gliámo róssi* |
| **¿Puede dejarme un documento?** *puéde deχárme un dokuménto* | Mi può lasciare un suo documento? |
| Desidero una camera singola per tre giorni | **Quisiera una habitación sencilla para tres días** *kisiéra úna abitaθión senθíglia pára tres días* |
| Quanto costa la camera per notte? | **¿Cuánto cuesta la habitación por una noche?** *kuánto kuésta la abitaθión por úna nóce* |
| Il prezzo comprende la prima colazione? | **¿En el precio está incluido el desayuno?** *en el préθio está inkluído el desagiúno* |
| Posso vedere la camera? | **¿Puedo ver la habitación?** *puédo ber la abitaθión* |
| Preferirei una camera con vista lago | **Me gustaría más una habitación con vista al lago** *me gustaría mas úna abitaθión kon bísta al lágo* |
| Quali sono le attività sportive del villaggio? | **¿Qué deportes se pueden practicar en el complejo turístico?** • *ke depórtes se puéden praktikár en el kompléχo turístiko* |
| Vorrei frequentare un corso di vela | **Quisiera hacer un cursillo de vela** *kisiéra aθér un kursíglio de béla* |
| C'è l'animazione serale? | **¿Hay animación por las noches?** *ái animaθión por las nóces* |
| Dove posso parcheggiare l'auto? | **¿Dónde puedo aparcar mi coche?** *dónde puédo aparkár mi kóce* |

4 • ALLOGGIO E SOGGIORNO

## Richieste e reclami

| | |
|---|---|
| Può portarmi i bagagli in camera, per favore? | **¿Puede subir mi equipaje a la habitación, por favor?** •*puéde subír mi ekipáχe a la abitaθión por fabór* |
| Desidero la chiave della camera 123 | **¿Puede darme la llave de la habitación ciento veintitrés?** *puéde dárme la gliábe de la abitaθión θientobeintitrés* |

| | |
|---|---|
| Domattina può svegliarmi alle sette? | **¿Mañana puede despertarme a las siete?**<br>*magnána puéde despertárme a las siéte* |
| Possiamo avere la prima colazione in camera? | **¿Podemos desayunar en nuestra habitación?**<br>*podémos desagiunár en nuéstra abitaθión* |
| Se qualcuno mi cerca, sarò di ritorno per le 10 | **Si alquien me busca, regresaré a las diez**<br>*si álghien me búska regresaré a las diéθ* |
| C'è il servizio di lavanderia? | **¿Hay servicio de lavandería?**<br>*ái serbíθio de labandería* |
| Vorrei far stirare questo abito | **Quisiera que me plancharan este traje**<br>*kisiéra ke me planciáran éste tráχe* |
| Questa camera è troppo rumorosa, vorrei cambiarla | **Esta habitación es demasiado ruidosa, quisiera cambiarla con otra**<br>*ésta abitaθión es demasiádo ruidósa kisiéra kambiárla kon ótra* |
| Il riscaldamento non funziona | **La calefacción no funciona**<br>*la kalefakθión no funθióna* |
| Il condizionatore non è ben regolato | **El climatizador no está bien regulado**<br>*el klimatiθadór no está bién reguládo* |
| Non c'è acqua calda. Il rubinetto perde | **No hay agua caliente. El grifo gotea**<br>*no ái água kaliénte el grífo gotéa* |
| Lo scarico del lavandino/del water è otturato | **El lavabo/water está atascado**<br>*el labábo/báter está ataskádo* |
| La luce non si accende | **La luz no se enciende**<br>*la luθ no se enθiénde* |
| La finestra non si apre/chiude | **La ventana no se abre/cierra**<br>*la bentána no se ábre/θiérra* |
| La camera non è pulita. Il letto non è stato rifatto | **La habitación no está limpia. La cama no ha sido arreglada**<br>*la abitaθión no está límpia la káma no a sído arregláda* |
| Può cambiare gli asciugamani, per favore? | **¿Puede cambiar las toallas, por favor?**<br>*puéde kambiár las toáglias por fabór* |

### Alla partenza

| | | |
|---|---|---|
| Parto domattina. A che ora devo lasciare la camera? | **Me marcharé mañana por la mañana. ¿A qué hora tengo que dejar libre la habitación?** *me marciaré magnána por la magnána a ke óra tengo ke deχár líbre la abitaθión* | |
| Posso ritirare il mio documento? | **¿Puedo recoger mis documentos?** *puédo rekoχer mis dokuméntos* | |
| Non ho preso niente nel frigobar | **No he cogido nada del bar-nevera** *no e koχído náda del bar-nebéra* | |
| Vorrei pagare il conto | **Quisiera pagar la cuenta** *kisiéra pagár la kuénta* | |

**¿Paga al contado o con tarjeta de crédito?** *pága al kontádo o kon tarχéta de krédito* — Paga in contanti o con la carta di credito?

| | |
|---|---|
| Può far portare giù i miei bagagli? | **¿Puede decir que bajen mi equipaje?** *puéde deθír ke báχen mi ekipáχe* |

## Alloggio privato

L'elenco dettagliato delle stoviglie e delle posate è dato in *I pasti e la tavola*, nella sezione *5. Mangiare e bere.*

| | | |
|---|---|---|
| affitto | **alquiler** | *alkilér* |
| alloggio | **alojamiento** | *aloχamiénto* |
| in affitto | **de alquiler** | *de alkilér* |
| angolo cottura | **cocina americana** | *koθína amerikána* |
| anticamera | **antesala** | *antesála* |
| appartamento | **apartamento** | *apartaménto* |
| ammobiliato | **amueblado** | *amuebládo* |
| bagno (stanza) | **baño** | *bágno* |
| (vasca) | **bañera** | *bagnéra* |
| fare il bagno | **darse un baño** | *dárse un bágno* |
| biancheria | **lencería de cama** | *lenθería de káma* |
| camera | **habitación** | *abitaθión* |
| da letto | **dormitorio/cuarto** | *dormitório/kuárto* |
| cantina | **bodega** | *bodéga* |

| | | |
|---|---|---|
| caparra | **señal** | *segnál* |
| casa/abitazione | **casa** | *kása* |
| congelatore | **congelador** | *konχeladór* |
| contratto | **contrato** | *kontráto* |
| corridoio | **pasillo** | *pasíglio* |
| cucina (stanza) | **cocina** | *koθína* |
| fornello | **cocina de gas** | *koθína de gas* |
| ferro da stiro | **plancha** | *pláncia* |
| a vapore | **de vapor** | *de bapór* |
| forno | **horno** | *órno* |
| a microonde | **microhondas** | *mikroóndas* |
| frigorifero | **frigorífico/nevera** | *frigorífiko/nebéra* |
| gabinetto | **retrete** | *retréte* |
| lavastoviglie | **lavavajillas** | *lababaχíglias* |
| lavatrice | **lavadora** | *labadóra* |
| letti a castello | **literas** | *litéras* |
| locale/stanza | **habitación** | *abitaθión* |
| mansarda | **buhardilla** | *buardíglia* |
| mobilio | **muebles** | *muébles* |
| monolocale | **estudio** | *estúdio* |
| pentole | **batería de cocina** | *batería de koθína* |
| portiere | **portero** | *portéro* |
| portone | **portal** | *portál* |
| posate | **cubiertos** | *kubiértos* |
| sala da pranzo | **comedor** | *komedór* |
| soggiorno | **sala de estar** | *sála de estár* |
| spese condominiali | **gastos de comunidad** | *gástos de komunidá(d)* |
| stoviglie/piatti | **vajilla/platos** | *baχíglia/plátos* |

Vorrei affittare una camera ammobiliata
**Quisiera alquilar una habitación amueblada**
*kisiéra alkilár úna abitaθión amuebláda*

Un appartamento per il mese di luglio
**Un apartamento para el mes de julio**
*un apartaménto pára el mes de χúlio*

Quanti locali ha? A che piano si trova?
**¿Cuántas habitaciones tiene? ¿En qué piso está?**
*kuántas abitaθiónes tiéne en ke píso está*

| | |
|---|---|
| Quant'è l'affitto? | **¿Cuánto cuesta el alquiler?**<br>*kuánto kuésta el alkilér* |
| Il riscaldamento e la luce sono compresi nel prezzo? | **¿La calefacción y la luz están incluidas en el alquiler?**<br>*la kalefakθión i la luθ están inkluídas en el alkilér* |
| Devo versare una caparra/pagare in anticipo? | **¿Tengo que dejar una señal/pagar por adelantado?**<br>*téngo ke deχár úna segnál/pagár por adelantádo* |
| Quando posso occupare l'appartamento? | **¿Cuándo puedo entrar en el apartamento?**<br>*kuándo puédo entrár en el apartaménto* |
| C'è qualcuno che può fare le pulizie? | **¿Hay alguien que hace la limpieza?**<br>*ái álghien ke áθe la limpiéθa* |

## Istruzioni per l'uso di elettrodomestici

| | | |
|---|---|---|
| **Tecla** | *tékla* | Tasto |
| **Enchufe** | *enciúfe* | Spina |
| **Toma de corriente** | *tóma de korriénte* | Presa di corrente |
| **Batería (recargable)** | *batería (rekargáble)* | Batteria (ricaricabile) |
| **Botón** | *botón* | Pulsante |
| **Compartimiento para las pilas** | *kompartimiénto pára las pílas* | Scomparto batterie |
| **Mando de apertura/ interruptor** | *mándo de apertúra/ interruptór* | Comando di apertura/ interruttore |
| **Chivato/luz testigo** | *cibáto/luθ testígo* | Spia luminosa |
| **Garantía** | *garantía* | Garanzia |
| **Precauciones de uso** | *prekauθiónes de úso* | Precauzioni d'uso |
| **Conectar/desconectar el aparato** | *konektár/deskonektár el aparáto* | Collegare/scollegare l'apparecchio |
| **Enchufar/ desenchufar** | *enciufár/ desenciufár* | Inserire/disinserire la spina |

| | | |
|---|---|---|
| **Enroscar/desenroscar; atornillar/desatornillar** | *enroskár/desenroskár atornigliár/desatornigliár* | Avvitare/svitare |
| **Encender/apagar** | *enθendér/apagár* | Accendere/spegnere |
| **Quitar/poner** | *kitár/oponér* | Togliere/mettere |
| **Voltaje** | *boltáχe* | Voltaggio |

## Bed and Breakfast

| | |
|---|---|
| **Habitaciones libres/Completo** *abitaθiónes líbres/kompléto* | Camere libere/ Completo |

| | |
|---|---|
| Potrei avere un elenco dei Bed and Breakfast? | **¿Por favor, me pueden dar una lista completa de los Bed and Breakfast?** *por fabór me puéden dar úna lísta kompléta de los bed end brékfast* |
| Che tipo di prima colazione offrite? | **¿Qué desayuno ofrecen?** *ke desaiúno ofréθen* |
| A che ora chiudete alla sera? | **¿A qué hora cierran por la noche?** *a ke óra θiérran por la nóce* |
| Possiamo avere la chiave della porta d'ingresso? | **¿Pueden darnos la llave del portal?** *puéden dárnos la gliábe del portál* |

## Campeggi e ostelli della gioventù

| | | |
|---|---|---|
| branda | **catre** | *kátre* |
| campeggio | **camping** | *kámping* |
| camper | **autocaravana/camper** | *autokarabána/kámper* |
| fornello da campo | **hornillo de gas** | *orníglio de gas* |
| gabinetti | **servicios** | *serbíθios* |
| ostello della gioventù | **albergue de la juventud** | *albérghe de la χubentú(d)* |
| roulotte | **caravana** | *karabána* |
| sacco a pelo | **saco de dormir** | *sáko de dormír* |

| | | |
|---|---|---|
| tenda | **tienda de campaña** | *tiénda de kampáña* |
| piantare/smontare la tenda | **acampar/desarmar la tienda** | *akampár/desarmár la tiénda* |
| zaino | **mochila** | *mocíla* |

Si può fare campeggio libero in questa zona? **¿Se puede hacer campamento libre en esta zona?**
*se puéde aθér kampaménto líbre en ésta θóna*

**Aquí está prohibido acampar** *akí está proibído akampár* — Qui c'è divieto di campeggio

Mi può indicare il campeggio più vicino? **¿Puede indicarme el camping más cercano?**
*puéde indikárme el kámping mas θerkáno*

Quanto costa al giorno? **¿Cuál es el precio por día?**
*kuál es el préθio por día*

Per due persone, con una tenda? **¿Por dos personas con una tienda de campaña?**
*por dos persónas kon úna tiénda de kampágna*

Il costo degli allacciamenti è compreso nel prezzo? **¿El coste de las conexiones está incluido en el precio?**
*el kóste de las koneksiónes está inkluído en el préθio*

Si può usare la cucina? **¿Se puede usar la cocina?**
*se puéde usár la koθína*

Dove si gettano i rifiuti? **¿Dónde se tira la basura?**
*dónde se tíra la basúra*

C'è un supermercato nelle vicinanze? **¿Hay algún supermercado aquí cerca?**
*ái algún supermerkádo akí θérka*

Nel vostro ostello quanti letti ci sono per stanza? **¿En su albergue de la juventud cuántas camas hay en cada habitación?**
*en su albérghe de la χubentú(d) kuántas kámas ái en káda abitaθión*

A che ora si deve rientrare? **¿A qué hora hay que regresar?**
*a ke óra ái ke regresár*

# Vita quotidiana

## Fare la spesa

Per le informazioni dettagliate su cibi e piatti rimandiamo alla sezione *5. Mangiare e bere.*
Per i vocaboli relativi ai prodotti per la cura del corpo e la cosmesi si veda anche *Profumeria*, nella sezione *7. Shopping*.

| | | |
|---|---|---|
| alimentari | **comestibles** | *komestíbles* |
| drogheria | **droguería** | *droghería* |
| fruttivendolo | **frutería** | *frutería* |
| gastronomia | **tienda de gastronomía** | *tiénda de gastronomía* |
| gelateria | **heladería** | *eladería* |
| latteria | **lechería** | *lecería* |
| macelleria | **carnicería** | *karniθería* |
| mercato | **mercado** | *merkádo* |
| negozio | **tienda** | *tiénda* |
| di piatti pronti | **de platos preparados** | *de plátos preparádos* |
| di prodotti biologici | **de productos biológicos/ecológicos** | *de prodúktos biolóχikos/ekológikos* |
| panetteria | **panadería** | *panadería* |
| pasticceria | **pastelería** | *pastelería* |
| pescheria | **pescadería** | *peskadería* |
| spesa | **compra** | *kómpra* |
| borsa della spesa | **bolsa de la compra** | *bólsa de la kómpra* |
| borsa termica | **bolsa térmica** | *bólsa térmika* |
| fare la spesa | **hacer la compra** | *aθér la kómpra* |
| andare a fare la spesa | **ir a hacer la compra** | *ir a aθér la kómpra* |
| supermercato | **supermercado** | *supermerkádo* |

### *Acquisti*

| | | |
|---|---|---|
| aceto | **vinagre** | *binágre* |
| acqua minerale | **agua mineral** | *água minerál* |
| naturale/gassata | **sin gas/con gas** | *sin gas/kon gas* |
| bibita | **bebida** | *bebída* |
| birra | **cerveza** | *θerbéθa* |
| biscotti | **galletas** | *gagliétas* |
| burro | **mantequilla** | *mantekíglia* |

Vita quotidiana

| | | |
|---|---|---|
| cacao | **cacao** | *kakáo* |
| caffè | **café** | *kafé* |
| macinato | **molido** | *molído* |
| caramelle | **caramelos** | *karamélos* |
| carta igienica | **papel higiénico** | *papél iχiéniko* |
| cioccolato | **chocolate** | *ciokoláte* |
| cioccolatini | **chocolatinas** | *ciokolatínas* |
| dadi per brodo | **cubillos para caldo** | *kubíglios pára káldo* |
| dentifricio | **dentífrico** | *dentífriko* |
| deodorante | **desodorante** | *desodoránte* |
| dolcificante | **dulcificante** | *dulθifikánte* |
| farina | **harina** | *arína* |
| fazzoletti di carta | **pañuelos de papel** | *pagnuélos de papél* |
| formaggio | **queso** | *késo* |
| gelato | **helado** | *eládo* |
| insetticida | **insecticida** | *insektiθída* |
| latte | **leche** | *léce* |
| fresco/a lunga conservazione | **fresca/uperizada** | *fréska/uperiθáda* |
| intero/scremato | **entera/desnatada** | *entéra/desnatáda* |
| liquore | **licor** | *likór* |
| maionese | **mayonesa** | *magionésa* |
| marmellata | **mermelada** | *mermeláda* |
| miele | **miel** | *miél* |
| olio | **aceite** | *aθéite* |
| olive | **aceitunas** | *aθeitúnas* |
| omogeneizzato | **papilla para bebés/ potito** | *papíglia pára bebés/ potíto* |
| pagnotta | **hogaza** | *ogáθa* |
| pane | **pan** | *pan* |
| bianco/integrale | **blanco/integral** | *blánko/integrál* |
| panino | **panecillo** | *paneθíglio* |
| panna | **nata** | *náta* |
| pasta | **pasta** | *pásta* |
| rasoio usa e getta | **maquinilla de afeitar de usar y tirar** | *makiníglia de afeitár de usár i tirár* |
| riso | **arroz** | *arróθ* |
| sale | **sal** | *sal* |
| saponetta | **pastilla de jabón** | *pastíglia de χabón* |
| schiuma da barba | **espuma de afeitar** | *espúma de afeitár* |

| | | |
|---|---|---|
| senape | **mostaza** | *mostáθa* |
| spazzolino da denti | **cepillo de dientes** | *θepíglio de diéntes* |
| spezie | **especias** | *espéθias* |
| succo di frutta | **zumo** | *θúmo* |
| surgelati | **congelados/ ultracongelados** | *konχeládos/ ultrakonχeládos* |
| tè | **té** | *te* |
| in bustine | **en bolsitas** | *en bolsítas* |
| torta | **tarta** | *tárta* |
| uova | **huevos** | *uébos* |
| yogurt | **yogur** | *iogúr* |
| alla frutta | **con frutas** | *kon frútas* |
| vino | **vino** | *bíno* |
| rosso/bianco | **tinto/blanco** | *tínto/blánko* |
| zucchero | **azúcar** | *aθúkar* |
| in zollette | **en terrones** | *en terrónes* |

## *Carni e salumi*

| | | |
|---|---|---|
| agnello | **cordero** | *kordéro* |
| anatra | **pato** | *páto* |
| bistecca | **bistec** | *bisték* |
| carne | **carne** | *kárne* |
| di maiale/manzo/ vitello | **de cerdo/buey/ ternera** | *de θérdo/buéi/ternéra* |
| magra | **magra** | *mágra* |
| tritata | **picada** | *pikáda* |
| coniglio | **conejo** | *konéχo* |
| coscia | **pata** | *páta* |
| costoletta | **costilla** | *kostíglia* |
| fegato | **hígado** | *ígado* |
| fetta (di carne) | **tajada** | *taχáda* |
| (di prosciutto) | **loncha** | *lóncia* |
| oca | **ganso** | *gánso* |
| pancetta | **tocino** | *toθíno* |
| petto | **pechuga** | *peciúga* |
| pollo | **pollo** | *póglio* |
| prosciutto | **jamón** | *χamón* |
| salame | **chorizo/salchichón** | *cioríθo/salcición* |

| | | |
|---|---|---|
| salsiccia | **longaniza** | *longaníθa* |
| selvaggina | **caza** | *káθa* |
| tacchino | **pavo** | *pábo* |
| würstel | **salchicha de frankfurt** | *salcícia de fránkfurt* |

## *Pesci e crostacei*

| | | |
|---|---|---|
| acciughe | **anchoas** | *anciόas* |
| aragosta | **langosta** | *langósta* |
| branzino | **lubina** | *lubína* |
| calamari | **calamares** | *kalamáres* |
| cozze | **mejillones** | *meχiglióne*s |
| crostaceo | **marisco** | *marísko* |
| gamberi | **gambas** | *gámbas* |
| gamberoni | **langostinos** | *langostínos* |
| granchi | **cangrejos** | *kangréχos* |
| merluzzo | **merluza** | *merlúθa* |
| orata | **gallo** | *gáglio* |
| pesce | **pescado** | *peskádo* |
| platessa | **platija** | *platíχa* |
| rombo | **rodaballo** | *rodabáglio* |
| salmone | **salmón** | *salmón* |
| scampi | **cigalas** | *θigálas* |
| seppie | **sepias** | *sépias* |
| sgombro | **caballa** | *kabáglia* |
| sogliola | **lenguado** | *lenguádo* |
| tonno | **atún** | *atún* |
| trota | **trucha** | *trúcia* |
| vongole | **almejas** | *alméχas* |

## *Verdura*

| | | |
|---|---|---|
| aglio | **ajo** | *áχo* |
| asparagi | **espárragos** | *espárragos* |
| barbabietola | **remolacha** | *remolácia* |
| basilico | **albahaca** | *albaáka* |
| broccoli | **brécoles** | *brékoles* |
| carciofi | **alcachofas** | *alkaciófas* |
| carote | **zanahorias** | *θanaórias* |

| | | |
|---|---|---|
| cavolfiore | **coliflor** | *koliflór* |
| cavolini di Bruxelles | **coles de Bruselas** | *kóles de brusélas* |
| cavolo | **col** | *kol* |
| ceci | **garbanzos** | *garbánθos* |
| cetrioli | **pepinos** | *pepínos* |
| cipolle | **cebollas** | *θebóglias* |
| fagioli | **judías** | *χudías* |
| fagiolini | **judías verdes** | *χudías bérdes* |
| fave | **habas** | *ábas* |
| funghi | **setas** | *sétas* |
| lattuga | **lechuga** | *leciúga* |
| lenticchie | **lentejas** | *lentéχas* |
| melanzane | **berenjenas** | *berenχénas* |
| patate | **patatas** | *patátas* |
| peperoni | **pimientos** | *pimiéntos* |
| piselli | **guisantes** | *ghisántes* |
| pomodori | **tomates** | *tomátes* |
| porri | **puerros** | *puérros* |
| prezzemolo | **perejil** | *pereχíl* |
| ravanelli | **rábanos** | *rábanos* |
| sedano | **apio** | *ápio* |
| spinaci | **espinacas** | *espinákas* |
| verdura | **hortalizas** | *ortalíθas* |
| verza | **berza** | *bérθa* |
| zucca | **calabaza** | *kalabáθa* |
| zucchine | **calabacines** | *kalabaθínes* |

## *Frutta*

| | | |
|---|---|---|
| agrumi | **cítricos** | *θítrikos* |
| albicocche | **albaricoques** | *albarikókes* |
| amarene | **guindas** | *ghíndas* |
| ananas | **piña** | *pígna* |
| anguria | **sandía** | *sandía* |
| arachidi | **cacahuetes** | *kakauétes* |
| arance | **naranjas** | *naránχas* |
| avocado | **aguacate** | *aguakáte* |
| banane | **plátanos** | *plátanos* |
| ciliegie | **cerezas** | *θeréθas* |

| | | |
|---|---|---|
| cocco | **coco** | *kóko* |
| fragole | **fresas** | *frésas* |
| frutta | **fruta** | *frúta* |
| lamponi | **frambuesas** | *frambuésas* |
| limoni | **limones** | *limónes* |
| mandarini | **mandarinas** | *mandarínas* |
| mandorle | **almendras** | *alméndras* |
| melagrana | **granada** | *granáda* |
| mele | **manzanas** | *manθánas* |
| melone | **melón** | *melón* |
| mirtilli | **arándanos** | *arándanos* |
| more | **moras** | *móras* |
| nespole | **nísperos** | *nísperos* |
| nocciole | **avellanas** | *abegliánas* |
| noci | **nueces** | *nuéθes* |
| pere | **peras** | *péras* |
| pesche | **melocotones** | *melokotónes* |
| pompelmi | **pomelos** | *pomélos* |
| prugne | **ciruelas** | *θiruélas* |
| ribes | **grosella** | *groséglia* |
| uva | **uvas** | *úbas* |

## Etichette degli alimenti

| | | |
|---|---|---|
| **Consumir preferentemente antes de ...** | *konsumír preferenteménte ántes de* | Da consumare preferibilmente entro ... |
| **Fecha de caducidad** | *fécia de kaduθidá(d)* | Scadenza |
| **Una vez abierto consumir antes de ... días** | *úna beθ abiérto konsumír ántes de ... días* | Una volta aperto consumare entro ... giorni |
| **Producido en .../por ...** | *produθído en .../por ...* | Prodotto in .../da ... |
| **Natural** | *naturál* | Naturale |
| **Pasteurizado** | *pasteuriθádo* | Pastorizzato |
| **Secado** | *sekádo* | Essiccato |
| **Envase al vacío** | *enbáse al baθío* | Confezione sottovuoto |

| | | |
|---|---|---|
| **Grasas** | *grásas* | Grassi |
| **Conservantes** | *konserbántes* | Conservanti |
| **Colorantes** | *kolorántes* | Coloranti |
| **Producto de agricultura biológica** | *prodúkto de agrikultúra biolóχika* | Prodotto di agricoltura biologica |
| **No contiene ogm** | *no kontiéne o-χe-éme* | Non contiene ogm |
| **Conservar en frigorífico** | *konserbár en frigorífiko* | Conservare in frigorifero |
| **Conservar en lugar fresco** | *konserbár en lugár frésko* | Conservare al fresco |

| | |
|---|---|
| Dov'è il mercato/ supermercato più vicino? | **¿Dónde está el mercado/supermercado más cercano?**<br>*dónde está el merkádo/supermerkádo mas θerkáno* |
| Può cambiarmi delle monete per il carrello? | **¿Puede darme cambio para el carro?**<br>*puéde dárme kámbio pára el kárro* |
| Dove trovo lo zucchero? | **¿Dónde está el azúcar?**<br>*dónde está el aθúkar* |
| C'è il reparto surgelati? | **¿Hay una sección ultracongelados?**<br>*ái úna sekθión ultrakonχeládos* |
| Vorrei un pacchetto di caffè macinato/ un litro di latte | **Quisiera un paquete de café molido/ un litro de leche**<br>*kisiéra un pakéte de kafé molído/un lítro de léce* |
| Mi dia quel pezzo di formaggio/quattro fette di prosciutto | **Póngame ese trozo de queso/cuatro lonchas de jamón**<br>*póngame ése tróθo de késo/kuátro lóncias de χamón* |
| Tre etti di salsiccia | **Trescientos gramos de longaniza**<br>*tresθiéntos grámos de longaníθa* |
| Quanto costano le banane? | **¿Cuánto cuestan los plátanos?**<br>*kuánto kuéstan los plátanos* |
| Mezzo chilo di mele/ due chili di patate, per favore | **Póngame medio kilo de manzanas/dos kilos de patatas, por favor**<br>*póngame médio kílo de manθánas/dos kílos de patátas por fabór* |

| | |
|---|---|
| **¿Quiere algo más?** *kiére álgo mas* | Le serve qualcos'altro? |

Mi dia due sacchetti, per favore — **Dos bolsas, por favor** *dos bólsas por fabór*

Quanto le devo? — **¿Cuánto es?** • *kuánto es*

## Lavanderia e tintoria

| | | |
|---|---|---|
| lavanderia | **lavandería** | *labandería* |
| a gettoni | **de moneda** | *de monéda* |
| **lavare** (ad acqua) | **lavar (con agua)** | *labár (kon água)* |
| a mano | **a mano** | *a máno* |
| a secco | **en seco** | *en séko* |
| macchia | **mancha** | *máncia* |
| smacchiare | **quitar las manchas** | *kitár las máncias* |
| smacchiatore | **quitamanchas** | *kitamáncias* |
| spazzolare | **cepillar** | *θepigliár* |
| stirare | **planchar** | *planciár* |
| tintoria | **tintorería** | *tintorería* |

Vorrei far lavare e stirare queste camicie — **Quisiera que me lavaran y me plancharan estas camisas** *kisiéra ke me labáran i planciáran éstas kamísas*

Quando saranno pronte? — **¿Cuándo estarán listas?** *kuándo estarán lístas*

Questi pantaloni devono essere lavati a secco — **Estos pantalones tienen que ser lavados en seco** *éstos pantalónes tiénen ke ser labádos en séko*

Mi servono per domani/ al più presto — **Los necesito para mañana/lo más pronto posible** *los neθesíto pára magnána/lo mas prónto posíble*

La gonna non è venuta pulita — **La falda no ha quedado limpia** *la fálda no a kedádo límpia*

Può togliere questa macchia? — **¿Puede quitar esta mancha?** *puéde kitár ésta máncia*

Fate anche riparazioni? — **¿Ustedes hacen también arreglos?** *ustédes áθen también arréglos*

## Calzolaio

| | | |
|---|---|---|
| calzolaio | **zapatero** | *θapatéro* |
| rifare i tacchi | **poner/echar tapas** | *ponér/eciár tápas* |
| riparare | **arreglar** | *arreglár* |
| risolare | **poner medias suelas** | *ponér médias suélas* |
| solette/sottopiedi | **plantillas** | *plantíglias* |
| suola | **suela** | *suéla* |

Fate riparazioni rapide? **¿Ustedes hacen arreglos rápidos?** *ustédes áθen arréglos rápidos*

Si è staccato un tacco. Può ripararlo subito? **Se me ha despegado un tacón. ¿Puede arreglarlo enseguida?** • *se me a despegádo úna takón puéde arreglárlo enseghída*

Ho un paio di scarpe da far risolare. Quanto costa? **Tengo que echar medias suelas/cambiarles las suelas a un par de zapatos. ¿Cuánto cuesta?** *téngo ke eciár médias suélas/kambiárle las suélas a un par de θapátos kuánto kuésta*

## Parrucchiere e barbiere

Più ampie informazioni sui prodotti di bellezza sono date in *Profumeria*, nella sezione *7. Shopping*.

| | | |
|---|---|---|
| asciugacapelli/fon | **secador de pelo** | *sekadór de pélo* |
| baffi | **bigotes** | *bigótes* |
| balsamo | **crema** | *kréma* |
| barba | **barba** | *bárba* |
| radere | **afeitar** | *afeitár* |
| bigodini | **rulos** | *rúlos* |
| capelli | **pelo/cabello** | *pélo/kabéglio* |
| grassi/secchi | **graso/seco** | *gráso/séko* |
| lisci/ondulati | **liso/ondulado** | *líso/onduládo* |
| ricci/crespi | **rizado/crespo** | *riθádo/kréspo* |
| arricciare | **rizar** | *riθár* |
| stirare | **alisar** | *alisár* |
| casco | **secador** | *sekadór* |
| ciuffo | **mechón** | *mecíón* |
| decolorare | **decolorar** | *dekolorár* |

| | | |
|---|---|---|
| forfora | **caspa** | *káspa* |
| frangia | **flequillo** | *flekíglio* |
| mèches | **mechas** | *mécias* |
| colpi di sole | **reflejos** | *refléχos* |
| messa in piega | **marcado** | *markádo* |
| a fon | **con secador** | *kon sekadór* |
| parrucchiere da donna | **peluquería** | *pelukería* |
| parrucchiere da uomo/ barbiere | **barbero** | *barbéro* |
| permanente | **permanente** | *permanénte* |
| pettinatura | **peinado** | *peinádo* |
| riflessi | **reflejos** | *refléχos* |
| riga | **raya** | *rágia* |
| spazzolare | **cepillar** | *θepigliár* |
| spuntare | **recortar** | *rekortár* |
| tagliare | **cortar** | *kortár* |
| taglio | **corte** | *kórte* |
| tingere | **teñir** | *tegnír* |
| tinta/colore | **tinte** | *tínte* |
| fare la tinta | **teñirse el pelo** | *tegnírse el pélo* |
| treccia | **trenza** | *trénθa* |

A che ora posso venire per una messa in piega?
**¿A qué hora puedo ir para hacer un marcado?**
*a ke óra puédo ir pára aθér un markádo*

**¿Tiene cita?**
*tiéne θíta*
Ha un appuntamento?

Dovrei fare la tinta e la permanente
**Tengo que teñirme el pelo y hacer la permanente**
*téngo ke tegnírme el pélo i aθér la permanénte*

Vorrei un colore castano chiaro
**Quisiera un tinte castaño claro**
*kisiéra un tínte kastágno kláro*

Mi faccia l'henné/un riflessante
**Me ponga hena/unos reflejos**
*me pónga éna/únos refléχos*

Preferisco la riga in mezzo/a sinistra
**Prefiero la raya en medio/a la izquierda**
*prefiéro la rágia en médio/a la iθkiérda*

C'è un parrucchiere in albergo?
**¿En el hotel hay un peluquero?**
*en el otél ái un pelukéro*

Vorrei lavare e tagliare i capelli — **Quisiera lavar y cortar el pelo**
*kisiéra labár i kortár el pélo*

Solo una spuntata — **Sólo un recorte** • *sólo un rekórte*

Molto corti/Non troppo corti, per favore — **Muy corto/No demasiado corto, por favor**
*múi kórto/no demasiádo kórto por fabór*

Mi faccia barba e capelli — **Cortar y afeitar**
*kortár i afeitár*

Mi metta una lozione antiforfora — **Póngame una loción anticaspa**
*póngame úna loθión antikáspa*

## Giornali e libri

| | | |
|---|---|---|
| autore | **autor** | *autór* |
| carta stradale/ geografica | **mapa de carreteras/ mapa** | *mápa de karretéras/ mápa* |
| dizionario | **diccionario** | *dikθionário* |
| edicola | **quiosco de periódicos** | *kiósko de periódikos* |
| editore | **editorial** | *editoriál* |
| edizione | **edición** | *ediθión* |
| tascabile/economica | **de bolsillo** | *de bolsíglio* |
| giornale | **periódico** | *periódiko* |
| quotidiano/settimanale | **diario/semanal** | *diário/semanál* |
| guida turistica | **guía turística** | *ghía turístika* |
| illustrazioni | **ilustraciones** | *ilustraθiónes* |
| inserzioni | **anuncios** | *anúnθios* |
| libro | **libro** | *líbro* |
| pianta della città | **plano de la ciudad** | *pláno de la θiudá(d)* |
| rivista | **revista** | *rebísta* |
| romanzo | **novela** | *nobéla* |
| giallo | **negra** | *négra* |
| scrittore | **escritor** | *eskritór* |
| titolo | **título** | *título* |

Avete giornali italiani? — **¿Tienen periódicos italiános?**
*tiénen periódikos italiános*

| | |
|---|---|
| Mi dia una pianta di Barcellona, per favore | **Un mapa de Barcelona, por favor**<br>*un mápa de barθelóna por fabór* |
| Avete una guida della città in italiano? | **¿Tienen una guía de la ciudad en italiano?**<br>*tiéne úna ghía de la θiudá(d) en italiáno* |
| Desidero un dizionarietto italiano-spagnolo | **Quisiera un diccionario de bolsillo italiano-español**<br>*kisiéra un dikθionário de bolsíglio italiáno-espagnól* |

## Religioni e luoghi di culto

| | | |
|---|---|---|
| Bibbia | **Biblia** | *bíblia* |
| chiesa | **iglesia** | *iglésia* |
| Corano | **Corán** | *korán* |
| Dio | **Dios** | *diós* |
| funerale | **funeral** | *funerál* |
| funzione religiosa | **función religiosa** | *funθión relixiósa* |
| Gesù Cristo | **Jesucristo** | *xesukrísto* |
| imam | **imán** | *imán* |
| Madonna | **Virgen** | *bírxen* |
| messa | **misa** | *mísa* |
| moschea | **mezquita** | *meθkíta* |
| pastore | **pastor** | *pastór* |
| pregare | **rezar** | *reθár* |
| preghiera | **oración/rezo** | *oraθión/réθo* |
| rabbino | **rabino** | *rabíno* |
| religione | **religión** | *relixión* |
| sacerdote/prete | **sacerdote/cura** | *saθerdóte/kúra* |
| sacramento | **sacramento** | *sakraménto* |
| battesimo | **bautismo** | *bautísmo* |
| comunione | **comunión** | *komunión* |
| confessione | **confesión** | *konfesión* |
| cresima | **confirmación** | *konfirmaθión* |
| matrimonio | **matrimonio** | *matrimónio* |
| sinagoga | **sinagoga** | *sinagóga* |
| tempio | **templo** | *témplo* |

| | |
|---|---|
| Di che religione sei? | **¿Qué religión profesas?**<br>*ke relixión profésas* |

| | |
|---|---|
| **Soy cristiano/católico/testigo de Jehová/ protestante/judío/musulmán**<br>*sói kristiáno/katóliko/testígo de χeobá/ protestánte/χudío/musulmán* | Sono cristiano/ cattolico/testimone di Geova/protestante/ ebreo/musulmano |
| **Soy budista/hinduista**<br>*sói budísta/induísta* | Sono buddhista/ induista |
| **No soy creyente/practicante**<br>*no sói kregiénte/praktikánte* | Non sono credente/ praticante |
| **Soy agnóstico/ateo**<br>*sói aghnóstiko/atéo* | Sono agnostico/ateo |

| | |
|---|---|
| C'è una chiesa cattolica? Dov'è la cattedrale? | **¿Hay una iglesia católica? ¿Dónde está la catedral?**<br>*ái úna iglésia katólika dónde está la katedrál* |
| Qual è l'orario delle messe domenicali? | **¿Cuál es el horario de las misas del domingo?**<br>*kuál es el orário de las mísas del domíngo* |
| Vorrei confessarmi/ fare la comunione | **Quisiera confesarme/comunicarme**<br>*kisiéra konfesárme/komunikárme* |
| C'è un sacerdote che parla italiano? | **¿Hay algún cura que hable italiano?**<br>*ái algún kúra ke áble italiáno* |

## Piccole emergenze

### *Difficoltà quotidiane*

| | |
|---|---|
| Dove posso far riparare ...? | **¿Dónde puedo hacer arreglar ...?**<br>*dónde puédo aθér arreglár* |
| Cerco un fabbro aperto di sabato/domenica | **Busco un herrero abierto el sábado/domingo**<br>*búsko un erréro abiérto el sábado/domíngo* |
| Ho bisogno con urgenza di un idraulico | **Necesito urgentemente un hidráulico**<br>*neθesíto urχenteménte un idráuliko* |
| Mi hanno rotto il finestrino. Conosce un'autofficina di pronto intervento? | **Me rompieron una ventanilla. ¿Conoce un taller de intervención rápida?**<br>*me rompiéron úna bentaníglia konóθe un tagliér de interbención rápida* |

| | |
|---|---|
| Dove trovo un centro assistenza per cellulari/computer? | **¿Dónde puedo encontrar un centro de asistencia para teléfonos móviles/ordenadores?**<br>*dónde puédo enkontrár un θéntro de asisténθia pára teléfonos móbiles/ordenadóres* |
| Dov'è la farmacia di turno più vicina? | **¿Dónde está la farmacia de turno más cercana?**<br>*dónde está la farmáθia de túrno mas θerkána* |

## Alla toilette

| | | |
|---|---|---|
| **Servicios** | *serbíθios* | Gabinetti/toilette |
| **Señores/caballeros** | *segnóres/kabagliéros* | Uomini |
| **Señoras** | *segnóras* | Donne |
| **Para minusválidos** | *pára minusbálidos* | Per invalidi |
| **Ocupado** | *okupádo* | Occupato |
| **Libre** | *líbre* | Libero |
| **Secador de mano por aire caliente** | *sekadór de máno por áire kaliénte* | Asciugamani ad aria |
| **Toallas de papel** | *toáglias de papél* | Asciugamani di carta |
| **Contenedor para compresas/toallas higiénicas** | *kontenedór pára komprésas/toáglias iχiénikas* | Contenitore per assorbenti igienici |

| | |
|---|---|
| Dov'è la toilette per favore? | **¿Dónde están los servicios, por favor?**<br>*dónde están los serbíθios por fabór* |
| È gratuita o a pagamento? | **¿Son gratuitos o hay que pagar?**<br>*son gratuítos o ái ke pagár* |
| È finita la carta igienica | **Se acabó el papel higiénico**<br>*se akabó el papél iχiéniko* |
| Lo sciacquone non funziona | **El water no funciona**<br>*el báter no funθióna* |
| C'è un fasciatoio per neonati? | **¿Hay un envolvedor para bebés?**<br>*ái un enbolbedór pára bebés* |

**Tirar de la cadena** — Tirare lo sciacquone
*tirár de la kadéna*

## Grandi emergenze

Per denunciare furti, aggressioni ecc. si veda *Questura, ambasciata, consolato*, nella sezione *9. Pratiche, uffici e servizi*. I guasti e le richieste di riparazioni di autoveicoli sono trattati in *Auto*, nella sezione *3. In viaggio*. L'assistenza medica è sviluppata nella sezione *10. Salute e assistenza sanitaria*.

| | |
|---|---|
| Aiuto! | **¡Socorro!/¡Ayuda!**<br>*sokórro/agiúda* |
| Al ladro! | **¡Al ladrón!**<br>*al ladrón* |
| Se ne vada! | **¡Váyase!**<br>*báiase* |
| Mi lasci in pace! | **¡Déjeme en paz!**<br>*déχeme en paθ* |
| Chiamate la polizia! | **¡Llamen a la policía!**<br>*gliámen a la poliθía* |
| Attenzione! | **¡Cuidado!**<br>*kuidádo* |
| Pericolo! | **¡Peligro!**<br>*pelígro* |
| Fermo! | **¡Alto ahí!**<br>*álto aí* |
| Al fuoco! | **¡Incendio!**<br>*inθendio* |
| C'è una fuga di gas | **Hay un escape de gas**<br>*ái un eskápe de gas* |
| C'è stata un'esplosione | **Hubo una explosión**<br>*úbo úna eksplosión* |
| Chiamate i vigili del fuoco | **Llamen a los bomberos**<br>*gliámen a los bombéros* |
| È urgente! | **¡Es urgente!**<br>*es urχénte* |
| Dov'è l'uscita d'emergenza? | **¿Dónde está la salida de emergencia?**<br>*dónde está la salída de emerχénθia* |

Vita quotidiana

| | |
|---|---|
| Mi sento molto male | **No me encuentro muy bien**<br>*no me enkuéntro múi bién* |
| C'è un medico qui? | **¿Hay algún médico aquí?**<br>*ái algún médiko akí* |
| Presto, chiamate un medico/un'ambulanza! | **¡Rápido, llamen a un médico/a una ambulancia!**<br>*rápido gliámen a un médiko/a úna ambulánθia* |
| Ha il numero della guardia medica? | **¿Tiene usted el número del médico de urgencias?**<br>*tiéne usté(d) el número del médiko de urχénθias* |
| C'è qualcuno che mi può portare in ospedale? | **¿Hay alguien que pueda llevarme al hospital?**<br>*ái álghien ke puéda gliebárme al ospitál* |
| Presto, è molto grave! | **¡Rápido, es muy grave!**<br>*rápido es múi grábe* |
| Non muovetelo, aspettiamo l'ambulanza | **No lo muevan, esperamos a la ambulancia**<br>*no lo muében esperámos a la ambulánθia* |

# 5 • MANGIARE E BERE

In Spagna l'orario dei pasti è posticipato rispetto all'Italia e può variare leggermente da una regione all'altra: generalmente si pranza tra le 13.30 e le 15.30 e si cena tra le 20 e le 22. Oltre che nei ristoranti, è possibile mangiare a prezzi più economici nei numerosissimi bar e caffetterie, che offrono **pinchos** o **tapas** (stuzzichini), **raciones** (porzioni più abbondanti), **platos combinados** (piatti assortiti) o un **menú del día** (menu del giorno). È molto diffusa l'abitudine di prendere l'aperitivo fuori casa, generalmente in piedi al bancone e cambiando due o tre bar.

## I pasti e la tavola

### I pasti

| | | |
|---|---|---|
| prima colazione | **desayuno** | *desagiúno* |
| far colazione | **desayunar** | *desagiunár* |
| pranzo | **almuerzo** | *almuérθo* |
| pranzare | **almorzar** | *almorθár* |
| merenda/spuntino | **merienda** | *meriénda* |
| cena | **cena** | *θéna* |
| cenare | **cenar** | *θenár* |
| antipasti | **entrantes** | *entrántes* |
| primi piatti | **primeros platos** | *priméros plátos* |
| secondi piatti | **segundos platos** | *segúndos plátos* |
| contorni | **guarniciones** | *guarniθiónes* |
| dessert | **postre** | *póstre* |
| frutta | **fruta** | *frúta* |
| piatti tipici | **platos típicos** | *plátos típikos* |

### La tavola apparecchiata

| | | |
|---|---|---|
| bicchiere | **vaso** | *báso* |
| bottiglia | **botella** | *botéglia* |
| brocca | **jarra** | *járra* |
| caffettiera | **cafetera** | *kafetéra* |

| | | |
|---|---|---|
| coltello | **cuchillo** | *kucíglio* |
| cucchiaino | **cucharita** | *kuciaríta* |
| cucchiaio | **cuchara** | *kuciára* |
| da dessert | **de postre** | *de póstre* |
| forchetta | **tenedor** | *tenedór* |
| fruttiera | **frutero** | *frutéro* |
| insalatiera | **ensaladera** | *ensaladéra* |
| oliera | **vinagreras** | *binagréras* |
| piattino (di tazza) | **platillo** | *platíglio* |
| piatto | **plato** | *pláto* |
| fondo | **hondo/sopero** | *óndo/sopéro* |
| piano | **llano** | *gliáno* |
| da frutta | **de póstre** | *de póstre* |
| posate | **cubiertos** | *kubiértos* |
| saliera | **salero** | *saléro* |
| tavola | **mesa** | *mésa* |
| tazza/tazzina | **taza/tacita** | *táθa/taθíta* |
| teiera | **tetera** | *tetéra* |
| tovaglia | **mantel** | *mantél* |
| tovagliolo | **servilleta** | *serbigliéta* |
| vassoio | **bandeja** | *bandéχa* |

## Tipi di locali

| | | |
|---|---|---|
| **bar** | *bar* | locale che serve caffè, bevande alcoliche e aperitivi da consumare al bancone |
| **bodega** | *bodéga* | enoteca |
| **café/cafetería** | *kafé/kafetería* | ampio locale con tavoli e sedie, che serve bevande alcoliche e analcoliche, caffè, tè, dolci, panini e *platos combinados* |
| **churrería** | *ciurrería* | locale che vende *churros, porras* e altri dolci |
| **comedor** | *komedór* | locale economico, spesso annesso a un bar o a una pensione, dove servono un menu fisso |

| | | |
|---|---|---|
| **granja** | *gránχa* | cremeria o sala da tè dove si possono consumare bevande non alcoliche, torte e biscotti |
| **marisquería** | *mariskería* | ristorante che serve esclusivamente pesce e frutti di mare |
| **mesón** | *mesón* | trattoria |
| **pub** | *pab* | locale che apre la sera e serve soprattutto bevande alcoliche |
| **restaurante** | *restauránte* | i ristoranti spagnoli generalmente sono meno cari di quelli italiani e la maggior parte di essi, a pranzo, offre un *menú del día* molto più economico di quello alla carta; nelle maggiori città ci sono anche numerosi ristoranti stranieri ed etnici dove si possono gustare cucine tipiche (italiana, brasiliana, asiatica, africana, araba ecc.) |
| **taberna** | *tabérna* | taverna |
| **tasca** | *táska* | osteria dove si servono *tapas* e *raciones* |
| **terraza** | *terráθa* | bar con terrazza all'aperto |



## Cibi e bevande

Qui di seguito diamo un'ampia scelta di espressioni e vocaboli spagnoli che potreste trovare scritti sui menu o pronunciati dai camerieri; i nomi italiani degli alimenti e degli ingredienti dei cibi sono invece elencati in *Fare la spesa*, nella sezione *4. Alloggio e soggiorno.*

### Le portate

| | | |
|---|---|---|
| **entrantes** | *entrántes* | antipasti |
| **primeros platos** | *priméros plátos* | primi piatti |
| **segundos platos** | *segúndos plátos* | secondi piatti |
| **guarniciones** | *guarniθiónes* | contorni |
| **postre** | *póstre* | dessert |
| **fruta** | *frúta* | frutta |

## Antipasti e primi piatti

| | | |
|---|---|---|
| **aceitunas** | *aθeitúnas* | olive |
| **almejas a la marinera** | *alméχas a la marinéra* | vongole alla marinara |
| **berberechos** | *berberécios* | molluschi del Mar Cantabrico |
| **bocadillo** | *bokadíglio* | panino imbottito |
| de jamón | *de χamón* | al prosciutto |
| de queso | *de késo* | al formaggio |
| **canapé** | *kanapé* | tartina |
| **caracoles** | *karakóles* | lumache |
| **chorizo** | *cioríθo* | salame |
| **empanadillas** | *empanadíglias* | mezzelune di pasta sfoglia ripiene di carne o pesce |
| **ensaladilla rusa** | *ensaladíglia rúsa* | insalata russa |
| **gambas en gabardina** | *gámbas en gabardína* | gamberi in pastella fritti |
| **jamón de York** | *χamón de giórk* | prosciutto cotto |
| **jamón serrano** | *χamón serráno* | prosciutto crudo |
| **mejillones en vinagreta** | *meχigliónes en binagréta* | cozze in vinaigrette |
| **patatas bravas** | *patátas brábas* | patate in salsa piccante |
| **percebes** | *perθébes* | lepadi |
| **pimientos del padrón** | *pimiéntos del padrón* | peperoni arrostiti |
| **pincho moruno** | *píncio morúno* | spiedino di carne di vitello o maiale con paprika dolce o piccante |
| **sánduich** | *sánduic* | toast |
| **vieiras** | *biéiras* | capesante |

| | | |
|---|---|---|
| **arroz** | *arróθ* | riso |
| **caldo** | *káldo* | brodo |
| **consomé** | *konsomé* | consommé |
| **potaje** | *potáχe* | minestra |
| **sopa de fideos** | *sópa de fidéos* | pastina in brodo |
| **sopa de verduras** | *sópa de berdúras* | minestra di verdura |
| **sopa de pescado** | *sópa de peskádo* | zuppa di pesce |

## Carne

| | | |
|---|---|---|
| **albóndigas** | *albóndigas* | polpette |
| **asado** | *asádo* | arrosto |
| **babilla/muslo** | *babíglia/múslo* | fesa |
| **bistéc** | *bisték* | bistecca |
| bien hecho | *bién écio* | ben cotta |
| en su punto | *en su púnto* | cotta a puntino |
| poco hecho | *póko écio* | al sangue |
| **cabrito** | *kabríto* | capretto |
| **callos** | *káglios* | trippa |
| **carne picada** | *kárne pikáda* | carne trita |
| **carnero** | *karnéro* | montone |
| **cerdo** | *θérdo* | maiale |
| **chuleta de cerdo** | *ciuléta de θérdo* | braciola di maiale |
| **cochinillo** | *kociníglio* | maialino/porcellino |
| **cocido** | *koθído* | lesso |
| **cordero** | *kordéro* | agnello |
| **costilla** | *kostíglia* | costoletta |
| **escalope** | *eskalópe* | scaloppina |
| **filete** | *filéte* | filetto |
| **guiso de carne** | *ghíso de kárne* | spezzatino |
| **hamburguesa** | *amburghésa* | hamburger |
| **hígado** | *ígado* | fegato |
| **lengua** | *léngua* | lingua |
| **lomo** | *lómo* | lombata |
| **lomo de cerdo** | *lómo de θérdo* | lonza |
| **longaniza** | *longaníθa* | salsiccia |
| **mano de cerdo** | *máno de θérdo* | piedino di maiale |
| **morcilla** | *morθíglia* | sanguinaccio |
| **pinchos** | *píncios* | spiedini |
| **riñones** | *rignónes* | rognone |
| **rollitos** | *roglítos* | involtini |
| **sesos** | *sésos* | cervella |
| **solomillo** | *solomíglio* | magatello |
| **ternera** | *ternéra* | vitello |

## *Pollame e selvaggina*

| | | |
|---|---|---|
| **becada** | *bekáda* | beccaccia |
| **capón** | *kapón* | cappone |
| **codorniz** | *kodorníθ* | quaglia |
| **conejo** | *konéχo* | coniglio |
| **corzo** | *kórθo* | capriolo |
| **faisán** | *faisán* | fagiano |
| **gallina** | *gaglína* | gallina |
| **ganso** | *gánso* | oca |
| **liebre** | *liébre* | lepre |
| **jabalí** | *χabalí* | cinghiale |
| **pato** | *páto* | anatra |
| **pavo** | *pábo* | tacchino |
| **perdiz** | *perdíθ* | pernice |
| **pichón** | *pición* | piccione |
| **pollo** | *póglio* | pollo |
| pechuga de pollo | *peciúga de póglio* | petto di pollo |
| pollo asado | *póglio asádo* | pollo arrosto |
| **venado** | *benádo* | cervo |

## Pesce

| | | |
|---|---|---|
| **almejas** | *alméχas* | vongole |
| **anchoas** | *ancióas* | acciughe |
| **anguila** | *anghíla* | anguilla |
| **arenque** | *arénke* | aringa |
| **ástaco** | *ástako* | astice |
| **atún** | *atún* | tonno |
| **bacalao** | *bakaláo* | baccalà |
| **besugo** | *besúgo* | pagello |
| **caballa** | *kabáglia* | sgombro |
| **calamares** | *kalamáres* | calamari |
| **cangrejo** | *kangréχo* | granchio |
| **centollo** | *θentóglio* | granseola |
| **cigalas** | *θigálas* | scampi |
| **congrio** | *kóngrio* | grongo |
| **dentón** | *dentón* | dentice |
| **erizo de mar** | *eríθo de mar* | riccio di mare |

| | | |
|---|---|---|
| **gallo** | *gáglio* | orata |
| **gambas** | *gámbas* | gamberi |
| **langosta** | *langósta* | aragosta |
| **langostinos** | *langostínos* | gamberoni |
| **lenguado** | *lenguádo* | sogliola |
| **lubina** | *lubína* | branzino/spigola |
| **mejillones** | *meχiglióne*s | cozze |
| **merluza** | *merlúθa* | merluzzo |
| **mero** | *méro* | palombo |
| **ostras** | *óstras* | ostriche |
| **perca** | *pérka* | pesce persico |
| **pescadilla** | *peskadíglia* | nasello |
| **pescado frito** | *pescádo fríto* | pesce fritto |
| **pez espada** | *peθ espáda* | pesce spada |
| **pulpo** | *púlpo* | polipo |
| **rape** | *rápe* | rana pescatrice |
| **raya** | *rágia* | razza |
| **rodaballo** | *rodabáglio* | rombo |
| **salmón** | *salmón* | salmone |
| **salmonete** | *salmonéte* | triglia |
| **sardina** | *sardína* | sardina |
| **sepia** | *sépia* | seppia |
| **trucha** | *trúcia* | trota |
| **vieiras** | *biéiras* | capesante |

## Uova

| | | |
|---|---|---|
| **huevo** | *uébo* | uovo |
| duro | *dúro* | sodo |
| escalfado | *eskalfádo* | in camicia |
| frito/al plato | *fríto/al pláto* | fritto/al tegame |
| pasado por agua | *pasádo por água* | alla coque |
| relleno | *regliéno* | farcito |
| **huevos revueltos** | *uébos rebuéltos* | uova strapazzate |
| **tortilla** | *tortíglia* | frittata |
| española/de patatas | *espagnóla/de patátas* | di patate |
| francesa | *franθésa* | omelette |

## Latticini e formaggi

| | | |
|---|---|---|
| **fresco de cabra** | *frésko de kábra* | caprino |
| **manchego** | *mancégo* | formaggio di pecora più o meno stagionato |
| **parmesano** | *parmesáno* | parmigiano |
| **queso de Burgos** | *késo de búrgos* | formaggio fresco di pecora |
| **queso de cabrales** | *késo de kabráles* | formaggio molto piccante, ricco di muffe |
| **queso rallado** | *késo ragliádo* | formaggio grattugiato |
| **requesón** | *rekesón* | ricotta |
| **Roquefort** | *rokefórt* | Roquefort |
| **tetilla galega** | *tetíglia galéga* | formaggio vaccino a pasta molle |

## Contorni

| | | |
|---|---|---|
| **acelgas** | *aθélgas* | bietole |
| **alcachofas** | *alkacióifas* | carciofi |
| **apio** | *ápio* | sedano |
| **berenjenas** | *berenχénas* | melanzane |
| **brécoles** | *brékoles* | broccoletti |
| **calabacines** | *kalabaθínes* | zucchine |
| **calabaza** | *kalabáθa* | zucca |
| **cebollas** | *θebóglias* | cipolle |
| **col** | *kol* | cavolo |
| **coles de Bruselas** | *kóles de brusélas* | cavolini di Bruxelles |
| **coliflor** | *koliflór* | cavolfiore |
| **endibia** | *endíbia* | indivia |
| **ensalada** | *ensaláda* | insalata |
| **espárragos** | *espárragos* | asparagi |
| **espinacas** | *espinákas* | spinaci |
| **garbanzos** | *garbánθos* | ceci |
| **guisantes** | *ghisántes* | piselli |
| **habas** | *ábas* | fave |
| **hinojo fresco** | *inóχo frésko* | finocchio |
| **judías** | *χudías* | fagioli |
| **judías verdes** | *χudías bérdes* | fagiolini |
| **lechuga** | *leciúga* | lattuga |

| | | |
|---|---|---|
| **lentejas** | *lentéχas* | lenticchie |
| **maíz** | *maíθ* | mais |
| **nabos** | *nábos* | rape |
| **patatas** | *patátas* | patate |
| **pepino** | *pepíno* | cetriolo |
| **pimientos** | *pimiéntos* | peperoni |
| **puerros** | *puérros* | porri |
| **rábanos** | *rábanos* | ravanelli |
| **remolacha** | *remolácia* | barbabietola |
| **setas** | *sétas* | funghi |
| **tomates** | *tomátes* | pomodori |
| **zanahorias** | *θanaórias* | carote |

## Dessert

| | | |
|---|---|---|
| **bizcocho** | *biθkócio* | pan di Spagna |
| **brazo de gitano** | *bráθo de χitáno* | rotolo di pan di Spagna farcito |
| **budín** | *budín* | budino |
| **ensalada de fruta** | *ensaláda de frúta* | macedonia |
| **flan** | *flan* | crème caramel |
| **helado** | *eládo* | gelato |
| **hojaldre** | *oχáldre* | pasta sfoglia |
| **mazapán** | *maθapán* | marzapane |
| **mousse de chocolate** | *múss de ciokoláte* | mousse di cioccolato |
| **sorbete** | *sorbéte* | sorbetto |
| **tarta** | *tárta* | torta |
| helada | *eláda* | gelato |
| de manzana | *de manθána* | di mele |

## Frutta

| | | |
|---|---|---|
| **albaricoques** | *albarikókes* | albicocche |
| **almendras** | *alméndras* | mandorle |
| **arándanos** | *arándanos* | mirtilli |
| **avellanas** | *abegliánas* | nocciole |
| **castañas** | *kastágnas* | castagne |
| **cerezas** | *θeréθas* | ciliegie |
| **ciruelas** | *θiruélas* | prugne |
| **frambuesas** | *frambuésas* | lamponi |

| | | |
|---|---|---|
| **fresas** | *frésas* | fragole |
| **frutos secos** | *frútos sékos* | frutta secca |
| **granada** | *granáda* | melagrana |
| **grosella** | *groséglia* | ribes |
| **higos** | *ígos* | fichi |
| **limón** | *limón* | limone |
| **mandarinas** | *mandarínas* | mandarini |
| **manzanas** | *manθánas* | mele |
| **melocotones** | *melokotónes* | pesche |
| **melón** | *melón* | melone |
| **moras** | *móras* | more |
| **naranja** | *naránja* | arancia |
| **nueces** | *nuéθes* | noci |
| **peras** | *péras* | pere |
| **piña** | *pígna* | ananas |
| **plátano** | *plátano* | banana |
| **pomelo** | *pomélo* | pompelmo |
| **sandía** | *sandía* | anguria |
| **uvas** | *úbas* | uva |
| blancas | *blánkas* | bianca |
| negras | *négras* | nera |

## Aromi e condimenti

| | | |
|---|---|---|
| **aceite** | *aθéite* | olio |
| de oliva | *de olíba* | d'oliva |
| de semillas | *de semíglias* | di semi |
| **ajo** | *áχo* | aglio |
| **albahaca** | *albaáka* | basilico |
| **alcaparras** | *alkapárras* | capperi |
| **azafrán** | *aθafrán* | zafferano |
| **canela** | *kanéla* | cannella |
| **cilantro** | *θilántro* | coriandolo |
| **clavos** | *klábos* | chiodi di garofano |
| **comino** | *komíno* | comino |
| **guindilla** | *ghindíglia* | peperoncino |
| **hinojo** | *inóχo* | semi di finocchio |
| **jengibre** | *χenχíbre* | zenzero |
| **laurel** | *laurél* | alloro |

| | | |
|---|---|---|
| **mantequilla** | *mantekíglia* | burro |
| **mayonesa** | *magionésa* | maionese |
| **mejorana** | *meχoràna* | maggiorana |
| **mostaza** | *mostáθa* | senape |
| **nata** | *náta* | panna |
| **nuez moscada** | *nuéθ moskáda* | noce moscata |
| **orégano** | *orégano* | origano |
| **perejil** | *pereχíl* | prezzemolo |
| **pimentón dulce** | *pimentón dúlθe* | paprika dolce |
| **pimienta** | *pimiénta* | pepe |
| **romero** | *roméro* | rosmarino |
| **sal** | *sal* | sale |
| **salsa** | *sálsa* | salsa |
| **salvia** | *sálbia* | salvia |
| **tomillo** | *tomíglio* | timo |
| **vinagre** | *binágre* | aceto |

## Cotture

| | | |
|---|---|---|
| **a la parrilla** | *a la parríglia* | alla griglia |
| **a la plancha** | *a la plància* | ai ferri |
| **ahumado** | *aumádo* | affumicato |
| **al asador** | *al asadór* | allo spiedo |
| **al horno** | *al órno* | al forno |
| **al vapor** | *al bapór* | al vapore |
| **asado** | *asádo* | arrosto |
| **bien hecho** | *bién écio* | ben cotto |
| **crudo** | *krúdo* | crudo |
| **empanado** | *empanádo* | impanato |
| **en escabeche** | *en eskabéce* | marinato |
| **encurtido** | *enkurtído* | sottaceto |
| **estofado** | *estofádo* | stufato |
| **frito** | *fríto* | fritto |
| **guisado** | *ghisádo* | in umido |
| **hervido/cocido** | *erbído/koθído* | bollito/lessato |
| **no muy hecho** | *no múi écio* | non troppo cotto |
| **poco hecho** | *póko écio* | al sangue |
| **precocinado** | *prekoθinádo* | precotto |
| **relleno** | *regliéno* | farcito/ripieno |

| | | |
|---|---|---|
| **salteado** | *salteádo* | saltato |
| **sofrito** | *sofríto* | soffritto |

## Qualità e sapori

| | | |
|---|---|---|
| **ácido** | *áθido* | acido |
| **agridulce** | *agridúlθe* | agrodolce |
| **agrio** | *ágrio* | aspro |
| **amargo** | *amárgo* | amaro |
| **bueno/rico** | *buéno/ríko* | buono |
| **dulce** | *dúlθe* | dolce |
| **duro** | *dúro* | duro |
| **esquisito** | *eskisíto* | squisito |
| **fresco** | *frésko* | fresco |
| **grasiento** | *grasiénto* | grasso/unto |
| **ligero** | *liχéro* | leggero |
| **magro** | *mágro* | magro |
| **malo** | *málo* | cattivo |
| **nutritivo** | *nutritíbo* | nutriente |
| **pesado** | *pesádo* | pesante |
| **picante** | *pikánte* | piccante |
| **sabroso** | *sabróso* | saporito |
| **salado** | *saládo* | salato |
| **soso** | *sóso* | insipido |
| **tierno** | *tiérno* | tenero |
| **viejo** | *biéχo* | vecchio |

## Piatti tipici

In Spagna, nei giorni lavorativi, si usa fare una seconda colazione più sostanziosa (tra le 10 e le 12), in bar situati vicino al posto di lavoro.

### *Prima colazione*

| | | |
|---|---|---|
| **bollo** | *bóglio* | dolce costituito da un impasto di farina, latte, strutto e uova cotto al forno |
| **buñuelos** | *bugnuélos* | frittelle a base di farina, latte e uova con ripieno dolce o salato |

| | | |
|---|---|---|
| **cereales** | *θereáles* | cereali |
| **chocolate con churros** | *ciokoláte kon ciúrros* | cioccolata calda accompagnata da frittelle dalla forma allungata |
| **cruasán** | *kruasán* | croissant |
| **magdalenas** | *magdalénas* | madeleine |
| **tostadas con mantequilla/ mermelada** | *tostádas kon mantekíglia/ mermeláda* | pane tostato con burro o marmellata |

## *Pranzo e cena*

| | | |
|---|---|---|
| **bacalao a la vizcaína** | *bakaláo a la biθkaína* | merluzzo con peperoncino, cotto in una casseruola di coccio |
| **callos a la madrileña** | *káglios a la madrilégna* | piatto a base di trippa, piedini di maiale e chorizo con peperoncino, aglio, cipolla e pomodoro |
| **carne adobada** | *kárne adobáda* | lonza di maiale marinata in olio, aglio e paprika |
| **cocido** | *koθído* | bollito a base di manzo, lardo, prosciutto, chorizo, ceci, patate e verze |
| **empanada gallega** | *empanáda gagliéga* | torta salata ripiena di peperoni e sardine |
| **fabada** | *fabáda* | piatto asturiano a base di fagioli bianchi, sanguinaccio, carne di maiale e peperoni, cucinati assieme in pentola |
| **gazpacho** | *gaθpácio* | zuppa fredda a base di pomodoro, peperoni, cetrioli e cipolla frullati con mollica di pane, olio e aceto |
| **huevos a la flamenca** | *uébos a la flaménka* | uova cucinate in una casseruola di coccio con un soffritto di pomodoro, cipolla, olio e pezzetti di prosciutto |

| | | |
|---|---|---|
| **merluza a la vasca** | *merlúθa a la báska* | merluzzo cotto in una casseruola di coccio, accompagnato da salsa verde e guarnito con asparagi e vongole |
| **paella a la valenciana** | *paéglia a la balenθiána* | risotto con zafferano, pesce, frutti di mare, pollo, salsiccia e verdure |
| **pulpo a la gallega** | *púlpo a la gagliéga* | polipo bollito con olio, paprika e sale grosso |
| **purrusalda** | *purrusálda* | zuppa di patate, porri e stoccafisso |
| **sopa de ajo** | *sópa de áχo* | minestra composta da fette di pane tostate in un soffritto di aglio e cipolla a cui si aggiunge acqua o brodo |
| **tortilla española** | *tortíglia espagnóla* | frittata con patate e cipolle |
| **tostón** | *tostón* | maialino intero arrostito al forno |
| **zarzuela de mariscos** | *θarθuéla de marískos* | cozze, vongole, gamberoni, scampi e pesce fritti e poi cotti in una salsa di cipolla, aglio, alloro, olio, vino e pomodoro |

## *Dolci*

| | | |
|---|---|---|
| **arroz con leche** | *arróθ kon léce* | riso bollito in latte e zucchero e poi spolverizzato con cannella o scorza di limone |
| **crema catalana** | *kréma kataláná* | crema a base di latte, uova, cannella e scorza di limone, ricoperta di zucchero caramellato |
| **ensaimada** | *esaimáda* | pasta sfoglia dolce |
| **mazapanes** | *maθapánes* | dolci di pasta di mandorle cotti al forno |
| **mel i matò** | *mel i mató* | ricotta con noci o mandorle, cosparsa di miele |
| **merengue** | *merénghe* | meringa |

| | | |
|---|---|---|
| **natillas** | *natíglias* | crema a base di latte, zucchero, uova, limone, cannella e vaniglia |
| **polvorones** | *polborónes* | dolcetti preparati con farina, mandorle, uova e strutto |
| **rosquillas** | *roskíglias* | frittelle col buco |
| **tocino de cielo** | *toθíno de θiélo* | dolce compatto a base di tuorlo d'uovo caramellato e zucchero |
| **torrijas** | *torríχas* | dolce tradizionale della Quaresima, consistente in fette di pane ammollate nel latte, passate nell'uovo, fritte e poi cosparse di sciroppo di zucchero e cannella |

## Bevande

| | | |
|---|---|---|
| **agua** | *água* | acqua |
| mineral | *minerál* | minerale |
| con gas/sin gas | *kon gas/sin gas* | gassata/non gassata |
| tónica | *tónika* | tonica |
| **aguardiente** | *aguardiénte* | grappa |
| **aperitivo** | *aperitíbo* | aperitivo |
| sin alcohol | *sin alkól* | analcolico |
| **batido** | *batído* | frullato a base di latte |
| **bebida** | *bebída* | bibita |
| **café** | *kafé* | caffè |
| con hielo | *kon iélo* | freddo |
| descafeinado | *deskafeinádo* | decaffeinato |
| exprés | *eksprés* | espresso |
| largo | *lárgo* | lungo |
| **café con leche** | *kafé kon léce* | caffellatte |
| **carajillo** | *karaχíglio* | caffè corretto |
| **cava** | *kába* | spumante |
| **cerveza** | *θerbéθa* | birra |
| de barril | *de barríl* | alla spina |
| negra | *négra* | scura |
| rubia | *rúbia* | chiara |
| **champán** | *ciampán* | spumante |

| | | |
|---|---|---|
| **chocolate** | *ciokoláte* | cioccolata |
| **cóctel** | *kóktel* | cocktail |
| **coñac** | *kognák* | cognac/brandy |
| **cortado** | *kortádo* | caffè macchiato |
| **gaseosa** | *gaseósa* | gazzosa |
| **ginebra** | *χinébra* | gin |
| **hielo** | *iélo* | ghiaccio |
| **horchata** | *orciáta* | bevanda, simile al latte di mandorle, a base di acqua, zucchero e dolcichini |
| **leche** | *léce* | latte |
| **licor** | *likór* | liquore |
| **limonada** | *limonáda* | limonata |
| **manzanilla** | *manθaníglia* | camomilla |
| **naranjada** | *naranχáda* | aranciata |
| **ron** | *ron* | rum |
| **seltz** | *sélts* | selz |
| **suizo** | *suíθo* | cioccolata con panna |
| **té** | *te* | tè |
| **vino** | *bíno* | vino |
| de mesa | *de mésa* | da pasto |
| blanco | *blánko* | bianco |
| de aguja | *de agúχa* | frizzante |
| tinto | *tínto* | rosso |
| rosado | *rosádo* | rosé |
| dulce | *dúlθe* | dolce |
| seco | *séko* | secco |
| **zumo** | *θúmo* | spremuta/succo di frutta |



## Al ristorante

| | | |
|---|---|---|
| barista | **barman** | *bárman* |
| cameriera | **camarera** | *kamaréra* |
| cameriere | **camarero** | *kamaréro* |
| cuoco | **cocinero** | *koθinéro* |
| gestore | **director** | *direktór* |

| | | |
|---|---|---|
| maître | **jefe de comedor/ maestresala** | *χéfe de komedór/ maéstresála* |
| sommelier | **sumiller** | *sumigliér* |
| ristorante/trattoria | **restaurante** | *restauránte* |
| menu | **menú** | *menú* |
| alla carta | **a la carta** | *a la kárta* |
| a prezzo fisso | **a precio fijo** | *a préθio fíχo* |
| vegetariano | **vegetariano** | *beχetariáno* |
| carta dei vini | **carta de vinos** | *kárta de bínos* |
| coperto | **cubierto** | *kubiérto* |

C'è un ristorante qui vicino?
**¿Hay algún restaurante aquí cerca?**
*ái algún restauránte akí θérka*

Cerco un ristorante economico/un locale tipico
**Estoy buscando un restaurante barato/típico**
*estói buskándo un restauránte baráto/típiko*

Desidero prenotare un tavolo per sei persone
**Quiero reservar una mesa para seis personas**
*kiéro reserbár úna mésa pára séis persónas*

Mi può portare il menu e la carta dei vini?
**¿Puede traerme el menú y la carta de vinos?**
*puéde traérme el menú i la kárta de bínos*

**¿Qué desea?**
*ke deséa*
Che cosa desidera ordinare?

Vorrei iniziare con un aperitivo
**Quisiera empezar con un aperitivo**
*kisiéra empeθár kon un aperitíbo*

Cameriere/Cameriera, mi porti una birra scura per favore
**Camarero/Camarera, tráigame una cerveza negra, por favor**
*kamaréro/kamaréra tráigame úna θerbéθa négra por fabór*

Che cosa ci consiglia? Che cosa c'è in questo piatto?
**¿Qué nos aconseja? ¿Qué lleva este plato?**
*ke nos akonséχa ke gliéba éste pláto*

Prendo il pollo con peperoni
**Tomo pollo con pimientos**
*tómo póglio kon pimiéntos*

| | |
|---|---|
| **¿Cómo le gusta más la carne, poco hecha, bien hecha o media?** • *kómo le gústa mas la kárne póko écia bién écia o média* | Preferisce la carne al sangue, media o ben cotta? |

| | |
|---|---|
| Vorrei qualcosa di leggero | **Quisiera algo ligero**<br>*kisiéra álgo liχéro* |
| Sono vegetariano/ vegano | **Soy vegetariano/vegano**<br>*sói beχetariáno/begáno* |
| Sono allergico a … | **Tengo alergia a …**<br>*téngo alérχia* |
| Può portarmi dell'altro pane e una caraffa di vino rosso? | **¿Puede traerme más pan y una jarra de vino tinto?**<br>*puéde traérme mas pan i úna χárra de bíno tínto* |
| Questo pesce non è ben cotto | **Este pescado está crudo**<br>*éste peskádo está krúdo* |

| | |
|---|---|
| **¿Quiere algo más?** *kiére álgo mas* | Desidera qualcos'altro? |

| | |
|---|---|
| Avete della macedonia? | **¿Tenéis ensalada de fruta?**<br>*tenéis ensaláda de frúta* |
| No, grazie, basta così | **No, gracias, es suficiente**<br>*no gráθias es sufuθiénte* |
| È tutto molto buono | **Está todo muy rico**<br>*está tódo múi ríko* |
| Scusi, dov'è la toilette? | **Perdone ¿Dónde están los servicios?**<br>*perdóne dónde están los serbíθios* |
| Ci porti il conto per favore | **La cuenta, por favor**<br>*la kuénta por fabór* |
| Il servizio è compreso? | **¿El servicio está incluido?**<br>*el serbíθio está inkluído* |
| Credo ci sia un errore nel conto | **Creo que hay un error en la cuenta**<br>*kreo ke ái un errór en la kuénta* |

## Al bar

| | |
|---|---|
| **¿Qué le apetece tomar/Qué va a tomar?**<br>*ke le apetéθe tomár/ke ba a tomár* | Che cosa desidera bere? |
| Vorrei un aperitivo alcolico/analcolico con degli stuzzichini | **(Quisiera) un aperitivo con alcohol/sin alcohol y unas tapas**<br>*(kisiéra) un aperitíbo kon alkól/sin alkól i únas tápas* |
| Prendo una birra piccola | **Una caña, por favor**<br>*úna kágna por favór* |
| Un caffè e una brioche, per favore | **Un café y un cruasán, por favor**<br>*un kafé i un kruasán por fabór* |
| Un succo di frutta e un panino/un toast | **Un te y un bocadillo/un pincho/un sandwich de jamón y queso** • *un te i un bokadíglio/un sánduic de χamón i késo* |
| Un whisky/un bicchiere di vino bianco freddo/ un digestivo | **Un whisky/un vaso de vino blanco frío/ un digestivo**<br>*un guíski/un báso de bíno blánko frío/un diχestíbo* |
| **¿En la barra o en la mesa?**<br>*en la bárra o en la mésa* | Al banco o al tavolo? |

# 6 • TEMPO LIBERO

## Turismo

### Visitare la città

| | | |
|---|---|---|
| acquario | **acuario** | *akuário* |
| biblioteca | **biblioteca** | *bibliotéka* |
| casa/edificio | **casa/edificio** | *kása/edifíθio* |
| centro città | **centro** | *θéntro* |
| centro storico | **casco antiguo** | *kásko antíguo* |
| cestino dei rifiuti | **papelera** | *papeléra* |
| cimitero | **cementerio** | *θementério* |
| cinema | **cine** | *θíne* |
| città | **ciudad** | *θiudá(d)* |
| comune/municipio | **ayuntamiento** | *aiuntamiénto* |
| corso | **avenida/paseo** | *abenída/paséo* |
| dintorni | **alrededores** | *alrededóres* |
| fiera | **feria** | *féria* |
| fontanella | **pila** | *píla* |
| gabinetti pubblici | **aseos** | *aséos* |
| giardini pubblici | **jardines públicos** | *χardínes públikos* |
| grattacielo | **rascacielos** | *raskaθiélos* |
| isola/zona pedonale | **isla de peatones** | *ísla de peatónes* |
| isolato | **manzana** | *manθána* |
| lampione | **farola** | *faróla* |
| lunapark | **parque de atracciones** | *párke de atrakθiónes* |
| lungofiume | **paseo a orillas del río** | *paséo a oríglias del río* |
| lungolago | **paseo a la orilla del lago** | *paséo a la oríglia del lágo* |
| lungomare | **paseo marítimo** | *paséo marítimo* |
| luoghi d'interesse | **lugares de interés** | *lugáres de interés* |
| marciapiede | **acera** | *aθéra* |

| | | |
|---|---|---|
| Ministero | **Ministerio** | *ministério* |
| orto botanico | **jardín botánico** | *χardín botániko* |
| panchina | **banco** | *bánko* |
| parco | **parque** | *párke* |
| Parlamento | **Cortes** | *kórtes* |
| periferia | **afueras** | *afuéras* |
| piazza/piazzale | **plaza** | *pláθa* |
| ponte | **puente** | *puénte* |
| quartiere | **barrio** | *bárrio* |
| industriale | **industrial** | *industriál* |
| residenziale | **residencial** | *residenθiál* |
| questura | **comisaría** | *komisaría* |
| scuola | **escuela** | *eskuéla* |
| strada | **carretera** | *karretéra* |
| strisce pedonali | **paso de cebra** | *páso de θébra* |
| tribunale | **tribunal/juzgado** | *tribunál/χuθgádo* |
| turismo | **turismo** | *turísmo* |
| turista | **turista** | *turísta* |
| università | **universidad** | *unibersidá(d)* |
| via | **calle** | *káglie* |
| viale | **avenida** | *abenída* |
| vicolo | **callejón** | *kaglieχón* |
| zoo | **zoológico** | *θoolóχiko* |

## Monumenti

| | | |
|---|---|---|
| abbazia | **abadía** | *abadía* |
| abside | **ábside** | *ábside* |
| altare | **altar** | *altár* |
| architettura | **arquitectura** | *arkitektúra* |
| architetto | **arquitecto** | *arkitékto* |
| campanile | **campanario** | *kampanário* |
| castello | **castillo** | *kastíglio* |
| cattedrale | **catedral** | *katedrál* |
| chiesa | **iglesia** | *iglésia* |
| chiostro | **claustro** | *kláustro* |
| cittadella | **baluarte** | *baluárte* |
| colonna | **columna** | *kolúmna* |
| convento | **convento** | *konbénto* |

| | | |
|---|---|---|
| coro | **coro** | *kóro* |
| cortile | **patio** | *pátio* |
| cupola | **cúpula** | *kúpula* |
| duomo | **catedral** | *katedrál* |
| facciata | **fachada** | *faciáda* |
| fontana | **fuente** | *fuénte* |
| fortezza | **fortaleza/alcázar** | *fortaléθa/alkáθar* |
| lapide | **lápida** | *lápida* |
| monastero | **monasterio** | *monastério* |
| monumento commemorativo | **monumento conmemorativo** | *monuménto konmemoratíbo* |
| mura | **murallas** | *muráglias* |
| navata | **nave** | *nábe* |
| obelisco | **obelisco** | *obelísko* |
| palazzo | **palacio** | *paláθio* |
| pilastro | **pilar** | *pilár* |
| porta della città | **puerta de la ciudad** | *puérta de la θiudá(d)* |
| portale | **portal** | *portál* |
| resti/rovine | **ruinas** | *ruínas* |
| sarcofago | **sarcófago** | *sarkófago* |
| scavi | **excavaciones** | *ekskabaθiónes* |
| teatro | **teatro** | *teátro* |
| tempio | **templo** | *témplo* |
| tomba | **tumba** | *túmba* |
| torre | **torre** | *tórre* |
| vetrata | **vidriera** | *bidriéra* |
| volta | **bóveda** | *bóbeda* |

| | |
|---|---|
| Dov'è l'ufficio turistico? | **¿Dónde está la Oficina de Turismo?**<br>*dónde está la ofiθína de turísmo* |
| Desidero una pianta/ del materiale illustrativo della città | **Quiero un plano/folletos ilustrativos de la ciudad**<br>*kiéro un pláno/fogliétos ilustratíbos de la θiudá(d)* |
| Quali sono i monumenti più importanti? | **¿Cuáles son los monumentos más importantes?**<br>*kuáles son los monuméntos mas importántes* |
| Che palazzo è questo? Di che secolo è? | **¿Qué palacio es éste? ¿De qué siglo es?**<br>*ke paláθio es éste de ke síglo es* |

| | |
|---|---|
| Si può salire in cima alla torre/al campanile? | **¿Se puede subir a la torre/al campanario?** *se puéde subír a la tórre/al kampanário* |
| Ci sono visite guidate? È necessario prenotarsi? | **¿Hay alguna excursión organizada? ¿Es necesario reservar?** *ái algúna ekskursión organiθáda es neθesário reserbár* |
| Organizzate escursioni a…/nei dintorni? | **¿Organizan excursiones a …/en los alrededores?** *organíθan ekskursiónes a/en los alrededóres* |
| Qual è il programma della gita? Quanto costa e da dove si parte? | **¿Cuál es el programa de la excursión? ¿Cuánto cuesta y de dónde salimos?** *kuál es el prográma de la ekskursión kuánto kuésta i de dónde salímos* |
| Che cosa è compreso nel prezzo? | **¿Qué es lo que está incluido en el precio?** *ke es lo ke está inkluído en el préθio* |
| A che ora è previsto il ritorno? | **¿A qué hora volveremos?** *a ke óra bolberémos* |

## Musei

| | | |
|---|---|---|
| arte | **arte** | *árte* |
| artista | **artista** | *artísta* |
| biglietto d'ingresso | **entrada** | *entráda* |
| capolavoro | **obra maestra** | *óbra maéstra* |
| catalogo | **catálogo** | *katálogo* |
| collezione | **colección** | *kolekθión* |
| custode | **guardián** | *guardián* |
| galleria d'arte | **galería de arte** | *galería de árte* |
| guardaroba | **guardarropa** | *guardarrópa* |
| guida | **guía** | *ghía* |
| audioguida | **audioguías** | *audioghías* |
| visita guidata | **visita guiada** | *bisíta ghiáda* |
| mostra | **exposición** | *eksposiθión* |
| museo | **museo** | *muséo* |
| archeologico | **arqueológico** | *arkeolóχiko* |
| d'arte moderna | **de arte moderno** | *de árte modérno* |
| delle cere | **de cera** | *de θéra* |
| di storia naturale | **de historia natural** | *de istória naturál* |

| | | |
|---|---|---|
| opera d'arte | **obra de arte** | *óbra de árte* |
| orario | **horario** | *orário* |
| reperto archeologico | **resto arqueológico** | *résto arkeolóχiko* |
| restauro | **restauración** | *restauraθión* |

## *Tecniche e produzioni artistiche*

| | | |
|---|---|---|
| acquaforte | **agua fuerte** | *água fuérte* |
| acquerello | **acuarela** | *akuaréla* |
| affresco | **fresco** | *frésko* |
| arazzo | **tapiz** | *tapíθ* |
| armi/armature | **armas** | *ármas* |
| bassorilievo | **bajo relieve** | *báχo reliébe* |
| ceramica | **cerámica** | *θerámika* |
| decorazione | **decoración** | *dekoraθión* |
| dipinto | **pintura** | *pintúra* |
| disegno | **dibujo** | *dibúχo* |
| incisione | **grabado** | *grabádo* |
| litografia | **litografía** | *litografía* |
| manoscritto | **manuscrito** | *manuskríto* |
| medaglia | **medalla** | *medáglia* |
| miniatura | **miniatura** | *miniatúra* |
| moneta | **moneda** | *monéda* |
| mosaico | **mosaico** | *mosáiko* |
| natura morta | **bodegón** | *bodegón* |
| numismatica | **numismática** | *numismátika* |
| paesaggio | **paisaje** | *paisáχe* |
| pittura | **pintura** | *pintúra* |
| pittore | **pintor** | *pintór* |
| quadro | **cuadro** | *kuádro* |
| ritratto | **retrato** | *retráto* |
| scultura | **escultura** | *eskultúra* |
| scultore | **escultor** | *eskultór* |
| stampa | **grabado** | *grabádo* |
| statua | **estatua** | *estátua* |

A che ora apre/chiude il museo? **¿A qué hora abre/cierra el museo?**
*a ke óra ábre/θiérra el muséo*

| | |
|---|---|
| Qual è il giorno di chiusura? | **¿Cuál es el día de cierre?**<br>*kuál es el día de θiérre* |
| Quanto costa il biglietto? | **¿Cuánto cuesta la entrada?**<br>*kuánto kuésta la entráda* |
| Ci sono riduzioni per ragazzi/studenti/ anziani? | **¿Hay reducciones para niños/estudiantes/ mayores de ...?**<br>*ái redukθiónes pára nígnos/estudiántes/maióres de* |
| Dov'è il guardaroba, per favore? | **¿Dónde está el guardarropa, por favor?**<br>*dónde está el guardarrópa por fabór* |
| C'è una guida che parla italiano? | **¿Hay algún guía que hable italiano?**<br>*ái algún ghía ke áble italiáno* |
| A che ora inizia la visita guidata? | **¿A qué hora empieza la visita guiada?**<br>*a ke óra empiéθa la bisíta ghiáda* |
| Vorrei noleggiare un'audioguida | **Quisiera alquilar audioguías**<br>*kisiéra alkilár autioghías* |
| Avete un catalogo in italiano? | **¿Tienen ustedes un catálogo en italiano?**<br>*tiénen ustédes un katálogo en italiáno* |
| Si possono fare fotografie? | **¿Está permitido sacar fotografías?**<br>*está permitído sakár fotografías* |

| | |
|---|---|
| **Prohibido sacar fotos (con flas)**<br>*proibído sakár fótos kon flas* | È vietato fotografare (col flash) |
| **No pasar de la línea**<br>*no pasár de la línea* | Non avvicinarsi alle opere oltre il limite indicato |

| | |
|---|---|
| Fino a quando dura la mostra? | **¿Hasta cuándo dura la exposición?**<br>*ásta kuándo dúra la eksposiθión* |

| | |
|---|---|
| **La exposición ha sido aplazada hasta el ...**<br>*la eksposiθión a sído aplaθáda ásta el* | La mostra è stata prorogata fino al ... |
| **El museo está cerrado por obras**<br>*el muséo está θerrádo por óbras* | Il museo è chiuso per restauri |

## Chiedere informazioni sulla strada

Per una scelta più ampia di vocaboli relativi alla circolazione dei mezzi di trasporto si veda anche *Circolazione stradale*, nella sezione *3. In viaggio*.

| Punti cardinali | | |
|---|---|---|
| **este** | *éste* | est |
| **oeste** | *oéste* | ovest |
| **norte** | *nórte* | nord |
| **sur** | *sur* | sud |

È lontana plaza de España? — **¿Queda muy lejos plaza de España?** *kéda múi léχos pláθa de espágna*

**Queda a tres manzanas de aquí** *kéda a tres manθánas de akí* — È a tre isolati da qui

Cerco questo indirizzo, può aiutarmi per favore? — **Estoy buscando esta dirección, ¿puede ayudarme por favor?** • *estói buskándo ésta direkθión puéde agiudárme por fabór*

Può mostrarmi sulla pianta dove mi trovo? — **¿Puede enseñarme en el plano dónde estoy?** *puéde ensegnárme en el pláno dónde estói*

Quanto tempo ci vuole a piedi? — **¿Cuánto tiempo se necesita andando?** *kuánto tiémpo se neθesíta andándo*

Può indicarmi la strada per Palamós? — **¿Puede indicarme cómo llegar a Palamós?** *puéde indikárme kómo gliegár a palamós*

È giusta la direzione per l'autostrada? — **¿Es la dirección exacta para la autopista?** *es la direkθión eksákta pára la autopísta*

**No, se ha equivocado, tiene que volver atrás** *no se a ekibokádo tiéne ke bolbér atrás* — No, ha sbagliato, deve tornare indietro

Quanto dista l'aeroporto? — **¿A qué distancia está el aeropuerto?** *a ke distánθia está el aeropuérto*

**Está a veinte kilómetros al norte de la ciudad** *está a béinte kilómetros al nórte de la θiudá(d)* — È a 20 chilometri a nord del centro urbano

| | | |
|---|---|---|
| Come si raggiunge il centro città? | **¿Cómo se llega al centro?** *kómo se gliéga al θéntro* | |

| | |
|---|---|
| **Siga hasta al semáforo, luego pregunte otra vez** *síga ásta el semáforo luégo pregúnte ótra beθ* | Prosegua fino al semaforo, poi chieda di nuovo |
| **Coja el paso subterráneo** *kóχa el páso subterráneo* | Prenda il sottopassaggio |

| | |
|---|---|
| Le macchine possono entrare nel centro storico? | **¿Los coches tienen acceso al casco antiguo?** *los kóces tiénen akθéso al kásko antíguo* |

| | |
|---|---|
| **No, es zona peatonal** • *no es θóna peatonál* | No, è zona pedonale |
| **No puede torcer a la izquierda** *no puéde torθér a la iθkiérda* | Non può svoltare a sinistra |
| **Tiene que ceder el paso** *tiéne ke θedér el páso* | Deve dare la precedenza |

| | |
|---|---|
| Il museo archeologico è lontano da qui? | **¿El museo arqueológico queda lejos de aquí?** *el muséo arkeolóχiko kéda léχos de akí* |

| | |
|---|---|
| **Vaya recto hasta el cruce, luego gire a la derecha** *báia rékto ásta el krúθe luégo χíre a la derécia* | Vada dritto fino all'incrocio, poi svolti a destra |



# Vita all'aria aperta

Per gli sport praticati in vacanza, specialmente al mare e in montagna, rimandiamo anche più avanti, ad *Attività sportive*.

## Vacanze nella natura

| | | |
|---|---|---|
| ambiente | **medio ambiente** | *médio ambiénte* |
| area protetta | **área protegida** | *área proteχída* |
| biodiversità | **biodiversidad** | *biodibersidá(d)* |
| cicloturismo | **cicloturismo** | *θikloturísmo* |
| comunità locale | **comunidad local** | *komunidá(d) lokál* |
| eco-lodge | **ecolodge/ alojamiento ecológico** | *ekolódχe/ aloχamiénto ekolóχiko* |
| ecologia | **ecología** | *ekoloχía* |

| | | |
|---|---|---|
| ecologico | **ecológico** | *ekolóχiko* |
| ecosistema | **ecosistema** | *ekositéma* |
| ecosostenibile | **ecológico/ (eco)sostenible/ (eco)sustentable** | *ekolóχiko/ (eko)sosteníble/ (eko)sustentáble* |
| escursione | **excursión** | *ekskursión* |
| escursionista | **excursionista** | *ekskursionísta* |
| folklore | **folclore** | *folklóre* |
| gita/giro | **gira/excursión** | *χíra/ekskursión* |
| a piedi | **a pie** | *a pie* |
| in bicicletta | **en bicicleta** | *en biθikléta* |
| in macchina | **en coche** | *en kóce* |
| lampadina | **bombilla de bajo** | *bombíglia de báχo* |
| a basso consumo | **consumo** | *konsúmo* |
| natura | **naturaleza** | *naturaléθa* |
| paesaggio | **paisaje** | *paisáχe* |
| paese/villaggio | **pueblo/aldea** | *puéblo/aldéa* |
| panorama/vista | **panorama** | *panoráma* |
| parco nazionale | **parque nacional** | *párke naθionál* |
| passeggiata/camminata | **paseo** | *paséo* |
| fare una passeggiata | **dar un paseo** | *dar un paséo* |
| picnic | **pic-nic** | *pikník* |
| pranzo al sacco | **almuerzo para llevar** | *almuérθo para gliebár* |
| raccoglitore per rifiuti | **contenedor de basura** | *kontenedór de basúra* |
| raccolta differenziata | **recogida separada/ selectiva** | *rekoχída separáda/ selektíba* |
| risparmio energetico | **ahorro energético** | *aórro enerχétiko* |
| riserva naturale | **reserva natural** | *resérba naturál* |
| turismo | **turismo** | *turísmo* |
| di territorio | **de territorio** | *de território* |
| responsabile | **responsable** | *responsáble* |
| sostenibile | **sostenible** | *sosteníble* |
| vacanza/villeggiatura | **vacaciones** | *bakaθiónes* |

## *Mare, lago, fiume*

| | | |
|---|---|---|
| abbronzatura | **bronceado** | *bronθeádo* |
| acqua | **agua** | *água* |
| acquascooter | **scooter acuático** | *skúter akuátiko* |

| | | |
|---|---|---|
| alga | **alga** | *álga* |
| bagnino | **guardavidas/bañero** | *guardabídas/bagnéro* |
| bagno | **baño** | *bágno* |
| fare il bagno | **bañarse** | *bagnárse* |
| barca | **barca/barko** | *bárka/bárko* |
| a motore | **barco de motor** | *bárko de motór* |
| a remi | **bote de remos** | *bóte de rémos* |
| a vela | **barco de vela** | *bárko de béla* |
| gita in barca | **excursión en barco** | *ekskursión en bárko* |
| boa | **boya** | *bógia* |
| braccioli | **manguitos** | *manghítos* |
| cabina | **caseta de baño** | *kaséta de bágno* |
| canotto | **bote neumático** | *bóte neumátiko* |
| conchiglia | **concha** | *kóncia* |
| cuffia da bagno | **gorro de baño** | *górro de bágno* |
| fiume | **río** | *río* |
| giubbotto di salvataggio | **chaleco salvavidas** | *cialéko salbabídas* |
| gommone | **balsa neumática** | *bálsa neumátika* |
| lago | **lago** | *lágo* |
| lettino da spiaggia | **tumbona** | *tumbóna* |
| mare | **mar** | *mar* |
| marea | **marea** | *maréa* |
| alta/bassa | **marea alta/baja** | *maréa álta/báχa* |
| maschera subacquea | **gafas submarinas** | *gáfas submarínas* |
| boccaglio | **tubo** | *túbo* |
| materassino gonfiabile | **colchoneta** | *kolcionéta* |
| medusa | **medusa** | *medúsa* |
| motoscafo | **lancha motora** | *láncia motóra* |
| nuotare | **nadar** | *nadár* |
| ombrellone | **sombrilla** | *sombríglia* |
| onda | **ola** | *óla* |
| pedalò | **hidropedal** | *idropedál* |
| pinne | **aletas de buceo** | *alétas de buθéo* |
| piscina | **piscina** | *pisθína* |
| remare | **remar** | *remár* |
| remo | **remo** | *rémo* |

| | | |
|---|---|---|
| riccio di mare | **erizo de mar** | *eríθo de mar* |
| sabbia | **arena** | *aréna* |
| secchiello | **cubo** | *kúbo* |
| formina | **molde** | *mólde* |
| paletta | **pala** | *pála* |
| (sedia a) sdraio | **tumbona** | *tumbóna* |
| spiaggia | **playa** | *plágia* |
| stabilimento balneare | **balneario** | *balneário* |
| telo da spiaggia | **toalla** | *toáglia* |

## *Campagna, montagna*

| | | |
|---|---|---|
| agriturismo | **turismo rural** | *turísmo rurál* |
| albero | **árbol** | *árbol* |
| animale | **animal** | *animál* |
| domestico/selvatico | **doméstico/salvaje** | *doméstiko/salbáχe* |
| baita | **chalet** | *cialé* |
| bastone | **bastón** | *bastón* |
| borraccia | **cantimplora** | *kantimplóra* |
| bosco | **bosque** | *bóske* |
| campagna | **campo** | *kámpo* |
| campo | **campo** | *kámpo* |
| canale | **canal** | *kanál* |
| contadino | **campesino** | *kampesíno* |
| fattoria | **granja** | *gránχa* |
| fiore | **flor** | *flor* |
| foresta | **selva** | *sélba* |
| fungo | **hongo/seta** | *óngo/séta* |
| funivia | **teleférico** | *telefériko* |
| gregge | **rebaño** | *rebágno* |
| mandria | **manada** | *manáda* |
| montagna | **montaña** | *montágna* |
| mulino | **molino** | *molíno* |
| a vento | **de viento** | *de biénto* |
| orto | **huerto** | *uérto* |
| pastore | **pastor** | *pastór* |
| pianta | **planta** | *plánta* |
| piantagione | **plantación** | *plantaθión* |
| pineta | **pinar** | *pinár* |

| | | |
|---|---|---|
| ponte/ponticello | **puente** | *puénte* |
| prato | **prado** | *prádo* |
| rifugio | **refugio de montaña** | *refúχio de montágna* |
| scorciatoia | **atajo** | *atáχo* |
| seggiovia | **telesilla** | *telesíglia* |
| sentiero | **senda** | *sénda* |
| settimana bianca | **semana blanca** | *semána blánka* |
| ski-lift | **telesquí** | *teleskí* |
| stalla | **establo** | *estáblo* |

## *Altri elementi geografici*

| | | |
|---|---|---|
| altopiano | **altiplano** | *altipláno* |
| baia | **bahía** | *baía* |
| cascata | **cascada** | *kaskáda* |
| collina/colle | **colina** | *kolína* |
| costa | **costa** | *kósta* |
| deserto | **desierto** | *desiérto* |
| duna | **duna** | *dúna* |
| ghiacciaio | **glaciar** | *glaθiár* |
| golfo | **golfo** | *gólfo* |
| grotta | **gruta** | *grúta* |
| insenatura | **ensenada** | *ensenáda* |
| isola | **isla** | *ísla* |
| arcipelago | **archipiélago** | *arcipiélago* |
| laguna | **albufera/laguna** | *albuféra/lagúna* |
| oceano | **océano** | *oθéano* |
| palude | **pantano** | *pantáno* |
| penisola | **península** | *península* |
| pianura | **llanura** | *glianúra* |
| promontorio | **promontorio** | *promontório* |
| roccia | **roca** | *róka* |
| ruscello | **arroyo** | *arrógio* |
| scogliera | **acantilado** | *akantiládo* |
| scoglio | **escollo** | *eskóglio* |
| stagno | **estanque** | *estánke* |
| torrente | **torrente** | *torrénte* |
| valico | **puerto de montaña** | *puérto de montágna* |
| valle | **valle** | *báglie* |

| | | |
|---|---|---|
| vetta/cima | **cumbre** | *kúmbre* |

| | |
|---|---|
| Facciamo una nuotata | **Vamos a bañarnos/darnos un baño**<br>*bámos a bagnárnos/dárnos un bágno* |
| Si può fare il bagno in questa zona? | **¿Está permitido bañarse en esta zona?**<br>*está permitído bagnárse en ésta θóna* |
| **No, aquí está prohibido bañarse**<br>*no akí está proibído bagnárse* | No, qui c'è divieto di balneazione |
| **Hay corrientes peligrosas**<br>*ái korriéntes peligrósas* | Ci sono correnti pericolose |
| Che spiaggia ci consiglia qui vicino? | **¿Qué playa nos recomienda por aquí cerca?**<br>*ke pláia nos rekomiénda por akí θérka* |
| È una spiaggia sabbiosa/ghiaiosa? | **¿Es una playa de arena/guijosa**<br>*es úna pláia de aréna/ghiχósa* |
| A che ora inizia l'alta/la bassa marea? | **¿A qué hora empieza la marea alta/baja?**<br>*a ke óra empiéθa la maréa álta/báχa* |
| Dove possiamo noleggiare una barca? | **¿Dónde podemos alquilar una barca?**<br>*dónde podémos alkilár una bárka* |
| Quanto costa all'ora/per mezza giornata? | **¿Cuánto cuesta a la hora/por media jornada?**<br>*kuánto kuésta a la óra/por média χornáda* |
| Vorrei fare una camminata/noleggiare una bicicletta | **Quisiera hacer una excursión/alquilar una bicicleta**<br>*kisiéra aθér úna ekskursión/alkilár úna biθikléta* |
| Avete una carta dei sentieri della zona? | **¿Tienen un mapa de sendas de esta zona?**<br>*tiénen un mápa de séndas de ésta θóna* |
| Può indicarmi un percorso di media difficoltà? | **¿Puede indicarme un recorrido de mediana dificultad?**<br>*puéde indikárme un rekorrído de mediána difikultá(d)* |
| Ci sono aree per picnic? | **¿Hay áreas de picnic?** • *ái áreas de píknik* |
| Ci possiamo arrivare a piedi/in bicicletta? | **¿Podemos llegar allí andando/en bici?**<br>*podémos gliegár aglí andándo/en bíθi* |

| | |
|---|---|
| **Durante las excursiones está prohibido salirse de los senderos** • *duránte las ekskursiónes está proibído salírse de los sendéros* | Durante le gite non abbandonate mai i sentieri |
| **Está prohibido recoger flores/hongos** *está proibído rekoχér flóres/óngos* | È vietato raccogliere i fiori/i funghi |

| | |
|---|---|
| Ci sono degli eco-lodge in questa zona? | **¿Hay ecolodges/alojamientos ecológicos en esta zona?** *ái ekolódχes/aloχamiéntos ekolóχikos en ésta θóna* |

| | |
|---|---|
| **Aquí los alojamientos están en plena armonía con la naturaleza** • *achí los aloχamiéntos están en pléna armonía kon la naturaléθa* | Qui gli alloggi sono in piena armonia con la natura |

| | |
|---|---|
| Vorrei pernottare in un agriturismo | **Me gustaría pernoctar en una casa rural/de agroturismo** • *me gustaría pernoktár en una kása rurál/de agroturísmo* |
| Vorrei consumare cibi prodotti localmente/biologici | **Me gustaría consumir alimentos producidos localmente/biológicos/ecológicos** *me gustaría konsumír aliméntos produθídos lokalménte/biolóχikos/ekolóχikos* |
| Dove posso riciclare questo? | **¿Dónde puedo reciclar esto?** *dónde puédo reθiklár ésto* |

# Lo sport

## Le parole dello sport

| | | |
|---|---|---|
| allenamento | **entrenamiento** | *entrenamiénto* |
| allenatore | **entrenador** | *entrenadór* |
| arbitro | **árbitro** | *árbitro* |
| atleta | **atleta** | *atléta* |
| avversario | **adversario** | *adbersário* |
| campionato | **campeonato** | *kampeonáto* |
| campione | **campeón** | *kampeón* |
| campo sportivo | **campo de deportes** | *kámpo de depórtes* |
| centro sportivo | **centro deportivo** | *θéntro deportíbo* |
| circuito | **circuito** | *θirkuíto* |
| classifica | **clasificación** | *klasifikaθión* |

| | | |
|---|---|---|
| classificarsi primo/ secondo | **clasificarse primero/ segundo** | *klasifikárse priméro/ segúndo* |
| **concorrente** | **competidor** | *kompetidór* |
| **fallo** | **falta** | *fálta* |
| **gara** | **competición** | *kompetiθión* |
| finale | **competición final** | *kompetiθión finál* |
| **giocare** | **jugar** | *χugár* |
| giocatore | **jugador** | *χugadór* |
| **istruttore** | **instructor** | *instruktór* |
| **manche** | **manga** | *mánga* |
| **medaglia** | **medalla** | *medáglia* |
| d'oro/d'argento/ di bronzo | **de oro/plata/ bronce** | *de óro/pláta/ brónθe* |
| **Olimpiadi** | **olimpiadas** | *olimpiádas* |
| **palestra** | **gimnasio** | *χimnásio* |
| **palla/pallone** | **pelota/balón** | *pelóta/balón* |
| **pareggio** | **empate** | *empáte* |
| **partita/incontro** | **partido** | *partído* |
| **perdere** | **perder** | *perdér* |
| **pilota** | **piloto** | *pilóto* |
| **pista** | **pista** | *písta* |
| **porta** | **portería** | *portería* |
| **punteggio** | **puntuación/marcador** | *puntuaθión/markadór* |
| **punto** | **punto** | *púnto* |
| **record** | **récord** | *rékord* |
| **rete** (tennis, pallavolo) | **red** | *red* |
| **serie** | **división** | *dibisión* |
| A/B (calcio) | **de primera/segunda división** | *de priméra/segúnda dibisión* |
| **spareggio** | **desempate** | *desempáte* |
| **spogliatoio** | **vestuario** | *bestuário* |
| **sport** | **deporte** | *depórte* |
| **sportivo** (chi pratica uno sport) | **deportista** | *deportísta* |
| **squadra** | **equipo** | *ekípo* |
| **stadio** | **estadio** | *estádio* |
| gradinata | **graderío** | *graderío* |
| **tempo** | **tiempo** | *tiémpo* |
| **tifoso** | **aficionado/hincha** | *afiθionádo/íncia* |

| | | |
|---|---|---|
| traguardo/arrivo | **meta** | *méta* |
| tribuna | **tribuna** | *tribúna* |
| vincere | **ganar** | *ganár* |
| vittoria | **victoria** | *biktória* |

## Attività sportive

| | | |
|---|---|---|
| **aerobica** | **aerobic/aeróbic** | *aeróbik* |
| **alpinismo** | **alpinismo/ montañismo** | *alpinísmo/ montagnísmo* |
| chiodo | **pitón** | *pitón* |
| corda | **cuerda** | *kuérda* |
| piccozza | **piolet** | *piolét* |
| ramponi | **crampones** | *krampónes* |
| scarponi | **botas** | *bótas* |
| **arrampicata libera** | **escalada libre/ free climbing** | *eskaláda líbre/ fri kláimbin* |
| **arti marziali** | **artes marciales** | *ártes marθiáles* |
| judo | **judo/yudo** | *giúdo/giudó* |
| karate | **karate/kárate** | *karáte/kárate* |
| **atletica leggera** | **atletismo ligero** | *atletísmo liχéro* |
| **automobilismo** | **automovilismo** | *automobilísmo* |
| auto da corsa | **coche de carreras** | *kóce de karréras* |
| autodromo | **autódromo** | *autódromo* |
| pilota | **piloto** | *pilóto* |
| **baseball** | **béisbol** | *béisbol* |
| mazza | **bate** | *báte* |
| **bowling** | **bowling** | *bólin* |
| birilli | **bolos** | *bólos* |
| bocce | **bochas/petanca** | *bócias/petánka* |
| **bungee jumping** | **bungee jumping/ puenting** | *bánghi giámpin/ puéntin* |
| **calcio** | **fútbol** | *fútbol* |
| calciatore | **futbolista** | *futbolísta* |
| calcio d'angolo | **saque de esquina/ corner** | *sáke de eskína/ kórner* |
| calcio di punizione | **tiro libre** | *tíro líbre* |
| calcio di rigore | **penalti** | *pénalti* |
| campo | **campo de fútbol** | *kámpo de fútbol* |

| | | |
|---|---|---|
| rete/gol | **gol** | *gol* |
| **canoa** (sport) | **piragüismo** | *piraguísmo* |
| (imbarcazione) | **canoa** | *kánoa* |
| kayak | **kayac** | *kayák* |
| pagaia | **pala** | *pála* |
| **canottaggio** | **remo** | *rémo* |
| remo | **remo** | *rémo* |
| **ciclismo** | **ciclismo** | *θiklísmo* |
| corridore | **corredor** | *korredór* |
| giro | **vuelta** | *buélta* |
| tappa | **etapa** | *etápa* |
| velodromo | **velódromo** | *belódromo* |
| **deltaplano** | **ala delta** | *ála délta* |
| **diving** | **submarinismo** | *submarinísmo* |
| autorespiratore | **regulador de buceo** | *reguladór de buθéo* |
| bombola | **botella** | *botéglia* |
| fucile subacqueo | **fusil subacuático/ submarino** | *fusíl subakuátiko/ submaríno* |
| immersione | **inmersión** | *inmersión* |
| muta | **traje de buceo** | *tráχe de buθéo* |
| pesca subacquea | **pesca subacuática/ submarina** | *péska subakuátika/ submarína* |
| sub | **submarinista** | *submarinísta* |
| **equitazione/ippica** | **equitación** | *ekitaθión* |
| cavalcare | **cabalgar/montar** | *kabalgár/montár* |
| corsa al trotto/ al galoppo/ con ostacoli | **carrera al trote/ al galope/ con vallas** | *karréra al tróte/ al galópe/ kon báglias* |
| fantino | **jockey/jinete profesional** | *χókei/χinéte profesionál* |
| ippodromo | **hipódromo** | *ipódromo* |
| maneggio | **picadero** | *pikadéro* |
| redini | **riendas** | *riéndas* |
| sella | **silla** | *síglia* |
| **fitness** | **fitness** | *fítnes* |
| bodytonic | **body tonic** | *bódi tónik* |
| fitboxe | **fitbox/box fit/fitboxing** | *fítboks/bóks fit/fitbóksin* |
| gag | **GAP (glúteos, abdomen y piernas)** | *gap (glúteos abdómen i piérnas)* |

| | | |
|---|---|---|
| pilates | **pilates** | *pilátes* |
| zumba fitness | **zumba fitness** | *θúmba fítnes* |
| **ginnastica** | **gimnasia** | *χimnásia* |
| stretching | **estiramiento/s** | *estiramiénto/s* |
| **golf** | **golf** | *golf* |
| buca | **hoyo** | *óio* |
| campo | **campo** | *kámpo* |
| mazza | **palo** | *pálo* |
| pallina | **bola** | *bóla* |
| **hockey su ghiaccio** | **hockey sobre hielo** | *ókei sóbre iélo* |
| bastone | **palo/stick** | *pálo/stik* |
| disco | **disco/puck** | *dísko/puk* |
| **lotta libera** | **lucha libre** | *lúcia líbre* |
| **motociclismo** | **motorismo** | *motorísmo* |
| **nuoto** | **natación** | *nataθión* |
| corsia | **calle** | *káglie* |
| crawl | **crol/estilo libre** | *krol/estílo líbre* |
| delfino | **mariposa/delfín** | *maripósa/delfín* |
| dorso | **espalda** | *espálda* |
| rana | **braza** | *bráθa* |
| trampolino | **trampolín** | *trampolín* |
| tuffarsi | **zambullirse** | *θambuglírse* |
| tuffo | **salto** | *sálto* |
| vasca | **piscina** | *pisθína* |
| **pallacanestro** | **baloncesto** | *balonθésto* |
| canestro | **canasta** | *kanásta* |
| **pallanuoto** | **polo acuático/ waterpolo** | *pólo akuátiko/ baterpólo* |
| **pallavolo** | **balonvolea** | *balonboléa* |
| **paracadutismo** | **paracaidismo** | *parakaidísmo* |
| **parapendio** | **parapente** | *parapénte* |
| **pattinaggio** | **patinaje** | *patináχe* |
| su ghiaccio | **sobre hielo** | *sóbre iélo* |
| artistico | **artístico** | *artístiko* |
| pattini | **patines** | *patínes* |
| pista | **pista** | *písta* |
| roller | **patines en línea** | *patínes en línea* |
| **pesca** | **pesca** | *péska* |
| con la lenza | **con sedal** | *kon sedál* |

Lo sport

| | | |
|---|---|---|
| con le reti | **con redes** | *kon rédes* |
| canna da pesca | **caña de pescar** | *kágna de peskár* |
| esca | **cebo/carnada** | *θébo/karnáda* |
| mulinello | **carrete** | *karréte* |
| **ping-pong** | **ping-pong** | *píng-póng* |
| **pugilato** | **boxeo** | *bokséo* |
| pugile | **boxeador** | *bokseadór* |
| **rafting** | **rafting/descenso de barrancos** | *ráftin/desθénso de barránkos* |
| **rugby** | **rugby** | *rúgbi* |
| **scherma** | **esgrima** | *esgríma* |
| fioretto | **florete** | *floréte* |
| **sci** (sport) | **esquí** | *eskí* |
| alpino | **alpino** | *alpíno* |
| di fondo | **de fondo** | *de fóndo* |
| sci (attrezzi) | **esquíes** | *eskíes* |
| bastoncini | **bastones** | *bastónes* |
| scarponi | **botas** | *bótas* |
| pista | **pista** | *písta* |
| snowboard | **snowboard** | *snobórd* |
| sci nautico | **esquí acuático** | *eskí akuátiko* |
| **sollevamento pesi** | **halterofilia** | *alterofília* |
| **surf** | **surf** | *surf* |
| tavola da surf | **tabla de surf** | *tábla de surf* |
| surfista | **surfista** | *surfísta* |
| **tennis** | **tenis** | *ténis* |
| campo | **pista de tenis** | *písta de ténis* |
| diritto/rovescio | **derecho/revés** | *derécio/rebés* |
| racchetta | **raqueta** | *rakéta* |
| schiacciata | **remate** | *remáte* |
| servizio | **saque** | *sáke* |
| torneo | **torneo** | *tornéo* |
| **tiro a segno** | **tiro al blanco** | *tíro al blánko* |
| **tiro con l'arco** | **tiro con arco** | *tíro kon árko* |
| **trekking** | **senderismo** | *senderísmo* |
| **vela** | **vela** | *béla* |
| velista | **velista** | *belísta* |
| regata | **regata** | *regáta* |
| **windsurf** | **wind surf** | *uínd surf* |

| | | |
|---|---|---|
| tavola | **tabla** | *tábla* |
| windsurfista | **windsurfista** | *uindsurfísta* |

Che sport fai? **¿Qué deporte practicas?**
*ke depórte praktíkas*

**Juego a baloncesto/Hago remo** Gioco a pallacanestro/Faccio canottaggio
*χuégo a balonθésto/ágo rémo*

Quali sport si possono praticare qui? **¿Qué deportes se pueden practicar aquí?**
*ke depórtes se puéden praktikár akí*

La piscina è coperta/all'aperto? **¿La piscina está cubierta/al aire libre?**
*la pisθína está kubiérta/al áire líbre*

Dove si trovano le migliori piste da sci? **¿Dónde están ubicadas las mejores pistas de esquí?**
*dónde están ubikádas las meχóres pístas de eskí*

Quanto distano gli impianti di risalita? **¿A qué distancia están los remontes?**
*a ke distánθia están los remóntes*

Vorrei prendere delle lezioni di … **Quisiera tomar clases de …**
*kisiéra tomár kláses de*

Le lezioni sono individuali o collettive? **¿Las clases son individuales o colectivas?**
*las kláses son indibiduáles o kolektíbas*

A che ora comincia il corso di pilates? **¿A qué hora empieza el curso/la clase de pilates?**
*¿a ke óra empiéθa el kúrso/la kláse de pilátes?*

Vorrei fare una partita a golf **Quisiera jugar un partido de golf**
*kisiéra χugár un partído de golf*

È possibile prenotare un campo da tennis per domani alle 4? **¿Es posible reservar una pista de tenis para mañana a las cuatro?** • *es posíble reserbár úna písta de ténis para magnána a las kuátro*

Vorremmo fare un corso di vela **Quisiéramos hacer un cursillo de vela**
*kisiéramos aθér un kursíglio de béla*

Dove possiamo noleggiare l'attrezzatura per il surf? **¿Dónde podemos alquilar el equipo para hacer surf?**
*dónde podémos alkilár el ekípo pára aθér surf*

Per pescare in questo fiume ci vuole la licenza? **¿Para pescar en este río es necesaria la licencia?**
*pára peskár en éste río es neθesária la liθénθia*

| | |
|---|---|
| Vorrei assistere a una partita di calcio | **Quisiera asistir a un partido de fútbol** *kisiéra asistír a un partído de fútbol* |
| Quali squadre giocano oggi? | **¿Cuáles equipos juegan hoy?** *kuáles ekípos χuégan ói* |
| Dove si comprano i biglietti per lo stadio? | **¿Dónde se compran las entradas para el estadio?** *dónde se kómpran las entrádas pára el estádio* |
| Ci sono ancora posti in tribuna? | **¿Quedan plazas en tribuna?** *kédan pláθas en tribúna* |
| Sono un tifoso del ... | **Soy hincha del...** • *sói íncia del...* |
| Chi ha vinto? | **¿Quién ha ganado?** • *kién a ganádo* |

**Ha ganado ... uno a cero** *a ganádo úno a θéro* — Ha vinto ... per uno a zero

## Centri benessere

| | | |
|---|---|---|
| agopuntura | **acupuntura** | *akupuntúra* |
| aromaterapia | **aromaterapia** | *aromaterápia* |
| bagno turco | **baño turco** | *bágno túrko* |
| digitopressione | **digitopunctura/ acupresión/acupresura** | *diχitopunktúra/ akupresión/akupresúra* |
| fanghi | **fangos** | *fángos* |
| fisioterapia | **fisioterapia** | *fisioterápia* |
| linfodrenaggio | **drenaje linfático/ linfodrenaje** | *drenáχe linfátiko/ linfodrenáχe* |
| massaggio | **masaje** | *masáχe* |
| ayurvedico | **ayurveda/ayurvédico** | *agiurbéda/agiurbédiko* |
| drenante | **drenante** | *drenánte* |
| shiatsu | **shiatsu** | *sciátsu/siátsu* |
| sportivo | **deportivo** | *deportíbo* |
| svedese | **sueco** | *suéko* |
| thai | **tailandés/thai** | *tailandés/tái* |
| riflessologia plantare | **reflexología podal** | *refleksoloχía podál* |
| riflessoterapia | **reflejoterapia** | *refleχoterápia* |
| sauna | **sauna** | *sáuna* |
| SPA | **SPA** | *espá* |
| tecniche di rilassamento | **técnicas de relajamiento/relajación** | *téknikas de relaχamiénto/ relaχaθión* |

| | | |
|---|---|---|
| terme | **balnearios/termas** | *balneários/térmas* |
| trattamento | **tratamiento** | *tratamiénto* |
| benessere | **bienestar** | *bienestár* |
| estetico | **estético** | *estétiko* |
| yoga | **yoga** | *ióga* |

Quali trattamenti offrite in questo centro?
**¿Qué servicios ofrece este centro?**
*ke serbíθios ofréθe éste θéntro*

Quanto costa l'accesso giornaliero?
**¿Cuánto cuesta la entrada diaria?**
*kuánto kuésta la entráda diária*

Ci sono abbonamenti?
**¿Hay abonos?**
*ái abónos*

## TV e radio

| | | |
|---|---|---|
| audio | **audio** | *áudio* |
| canale (tv) | **canal** | *kanál* |
| (tv/radio) | **cadena** | *kadéna* |
| cartoni animati | **dibujos animados** | *dibúχos animádos* |
| fiction | **ficción** | *fikθión* |
| giornale radio | **boletín informativo** | *boletín informatíbo* |
| meteo | **parte meteorológico** | *párte metereolóχiko* |
| notiziario | **noticiario** | *notiθiário* |
| oroscopo | **horóscopo** | *oróskopo* |
| pubblicità | **publicidad** | *publiθidá(d)* |
| radio (apparecchio) | **radio** | *rádio* |
| reality | **reality** | *reáliti* |
| serial | **serie de tv/serial** | *série de telebisión, sérial* |
| soap opera | **culebrón** | *kulebrón* |
| stazione | **estación** | *estaθión* |
| talk show | **talk show** | *talk scióu* |
| telecronaca | **crónica televisiva** | *krónika telebisíba* |
| telefilm | **telefilme** | *telefílme* |
| telegiornale | **telediario** | *telediário* |
| telenovela | **telenovela** | *telenobéla* |
| telequiz | **concurso televisivo** | *konkúrso telebisíbo* |
| televisore | **televisión** | *telebisión* |

| | | |
|---|---|---|
| trasmissione | **retransmisión** | *retransmisión* |
| in diretta | **en directo** | *en dirékto* |
| in differita | **en diferido** | *en diferído* |
| varietà | **magacín de entretenimiento** | *magaθín de entretenimiénto* |
| video | **video** | *bídeo* |

Che cosa c'è stasera in televisione? **¿Qué ponen/echan esta noche en la tele?** *ke pónen/écian ésta nóce en la téle*

Su quale canale è la partita? **¿En qué canal dan/transmiten el partido?** *en ke kanál dan/transmíten el partído*

Posso accendere la radio? **¿Puedo poner la radio?** *puédo ponér la rádio*

Può abbassare/alzare il volume, per favore? **¿Puede bajar/subir el volumen, por favor?** *puéde baχár/subír el bolúmen por fabór*

## Cinema e teatro

| | | |
|---|---|---|
| applaudire | **aplaudir** | *aplaudír* |
| applauso | **aplauso** | *apláuso* |
| attore/attrice | **actor/actriz** | *aktór/aktríθ* |
| biglietto | **entrada** | *entráda* |
| intero/ridotto | **entera/reducida** | *entéra/reduθída* |
| tutto esaurito | **todo agotado** | *tódo agotádo* |
| binocolo | **gemelos** | *χemélos* |
| bis | **bis** | *bis* |
| botteghino | **taquilla** | *takíglia* |
| burattini | **títeres** | *títeres* |
| cinema | **cine** | *θíne* |
| multisala | **multisalas** | *multisálas* |
| circo | **circo** | *θírko* |
| compagnia teatrale | **compañía teatral** | *kompagnía teatrál* |
| cortometraggio | **corto metraje** | *kórto metráχe* |
| danza | **danza/baile** | *dánθa/báile* |
| ballerino/a | **bailarín/bailarina** | *bailarín/bailarína* |
| balletto | **ballet** | *balé* |
| coreografia | **coreografía** | *koreografía* |

| | | |
|---|---|---|
| **documentario** | **documental** | *dokumentál* |
| **doppiaggio** | **doblaje** | *dobláχe* |
| **festival** | **festival** | *festibál* |
| **fiasco** | **fracaso** | *frakáso* |
| **film** | **película** | *pelíkula* |
| in lingua originale | **en versión original** | *en bersión oriχinál* |
| doppiato/ sottotitolato | **doblada/ subtitulada** | *dobláda/ subtituláda* |
| a colori | **en color** | *en kolór* |
| in bianco e nero | **en blanco y negro** | *en blánko i négro* |
| a luci rosse | **porno** | *pórno* |
| comico | **cómica** | *kómika* |
| d'amore | **de amor** | *de amór* |
| d'avventura | **de aventuras** | *de abentúras* |
| di fantascienza | **de ciencia ficción** | *de θiénθia fikθión* |
| di guerra | **de guerra** | *de ghérra* |
| drammatico | **dramática** | *dramátika* |
| giallo/poliziesco | **policíaca** | *poliθiáka* |
| horror | **de terror** | *de terrór* |
| western | **del Oeste/western** | *del oéste/uéstern* |
| tempo/parte | **tiempo/parte** | *tiémpo/párte* |
| **intervallo** | **intermedio** | *intermédio* |
| **marionette** | **marionetas** | *marionétas* |
| **opera teatrale** | **obra teatral** | *óbra teatrál* |
| commedia | **comedia** | *komédia* |
| dramma | **drama** | *dráma* |
| tragedia | **tragedia** | *traχédia* |
| atto (primo, secondo…) | **(primer, segundo…) acto** | *(primér, segúndo…) ákto* |
| **parte** (ruolo) | **papel** | *papél* |
| **personaggio** | **personaje** | *personáχe* |
| **prenotazione** | **reserva** | *resérba* |
| **protagonista** | **protagonista** | *protagonísta* |
| **pubblico** | **público** | *públiko* |
| **rappresentazione** | **representación** | *representaθión* |
| diurna/serale | **diurna/nocturna** | *diúrna/noktúrna* |
| **recitare** | **actuar** | *aktuár* |
| **recitazione** | **actuación** | *aktuaθión* |

| | | |
|---|---|---|
| regia | **dirección** | *direkθión* |
| regista | **director** | *direktór* |
| ruolo | **papel/rol** | *papél/rol* |
| scena | **escena** | *esθéna* |
| sceneggiatura | **guión** | *ghión* |
| scenografia | **escenografía** | *esθenografía* |
| schermo | **pantalla** | *pantáglia* |
| spettacolo | **espectáculo** | *espektákulo* |
| successo | **éxito** | *éksito* |
| teatro | **teatro** | *teátro* |
| balconata | **anfiteatro** | *anfiteátro* |
| fila (di poltrone) | **fila** | *fíla* |
| galleria | **galería** | *galería* |
| guardaroba | **guardarropa** | *guardarrópa* |
| loggione | **gallinero/paraíso** | *gaglinéro/paraíso* |
| palco | **palco** | *pálko* |
| palcoscenico | **escenario** | *esθenário* |
| platea | **patio de butacas/ platea** | *pátio de butákas/platéa* |
| poltrona | **butaca** | *butáka* |
| teatro all'aperto | **teatro al aire libre** | *teátro al áire líbre* |
| tempo (di film) | **tiempo** | *tiémpo* |
| titolo | **título** | *título* |
| trama | **trama** | *tráma* |
| varietà | **varietés/revista** | *barietés/rebísta* |
| voce | **voz** | *boθ* |

## Musica e concerti

| | | |
|---|---|---|
| assolo | **solo** | *sólo* |
| auditorium | **auditorio** | *auditório* |
| cantante | **cantante** | *kantánte* |
| cantare | **cantar** | *kantár* |
| cantautore | **cantautor** | *kantautór* |
| canto | **canto** | *kánto* |
| complesso/gruppo | **grupo** | *grúpo* |
| compositore | **compositor** | *kompositór* |
| concerto | **concierto** | *konθiérto* |
| conservatorio | **conservatorio** | *konserbatório* |

| | | |
|---|---|---|
| coro | **coro** | *kóro* |
| direttore d'orchestra | **director de orquesta** | *direktór de orkésta* |
| **musica** | **música** | *músika* |
| classica | **clásica** | *klásika* |
| da camera | **de cámara** | *de kámara* |
| elettronica | **electrónica** | *elektrónika* |
| folk | **popular** | *populár* |
| hip hop | **hip hop** | *hip-hóp* |
| jazz | **jazz/yaz** | *χaθ/giás* |
| lirica | **lírica** | *lírika* |
| rock | **rock** | *rok* |
| sinfonica | **sinfónica** | *sinfónika* |
| **musical** | **musical** | *musikál* |
| **musicista** | **músico** | *músiko* |
| **opera lirica** | **ópera** | *ópera* |
| **operetta spagnola** | **zarzuela** | *θarθuéla* |
| **orchestra** | **orquesta** | *orkésta* |
| **sala da concerti** | **sala de conciertos** | *sála de konθiértos* |
| **sinfonia** | **sinfonía** | *sinfonía* |
| **solista** | **solista** | *solísta* |
| **strumenti musicali** | **instrumentos musicales** | *instruméntos musikáles* |
| a corda | **de cuerda** | *de kuérda* |
| a fiato | **de viento** | *de biénto* |
| a percussione | **de percusión** | *de perkusión* |
| arpa | **arpa** | *árpa* |
| batteria | **batería** | *batería* |
| chitarra | **guitarra** | *ghitárra* |
| clarinetto | **clarinete** | *klarinéte* |
| contrabbasso | **contrabajo** | *kontrabáχo* |
| fisarmonica | **acordeón** | *akordeón* |
| flauto | **flauta** | *fláuta* |
| organo | **órgano** | *órgano* |
| pianoforte | **piano** | *piáno* |
| saxofono | **saxofón** | *saksofón* |
| sintetizzatore | **sintetizador** | *sintetiθadór* |
| tamburo | **tambor** | *tambór* |
| tromba | **trompeta** | *trompéta* |

| | | |
|---|---|---|
| violino | **viola** | *bióla* |
| violoncello | **violín** | *biolín* |
| teatro lirico/dell'opera | **teatro lírico** | *teátro líriko* |

Ha il programma degli spettacoli di questa settimana? — **¿Tiene el programa de los espectáculos de esta semana?**
*tiéne el prográma de los espektákulos de ésta semána*

Danno film italiani in qualche cinema? — **¿Proyectan películas italianas en algún cine?**
*proiéktan pelíkulas italiánas en algún θíne*

Quali sono gli orari degli spettacoli? — **¿Cuáles son los horarios de los espectáculos?**
*kuáles son los orários de los espektákulos*

**Prohibido para menores de ...** — Vietato ai minori di ...
*proibído pára menóres de*

A che ora inizia l'opera? — **¿A qué hora empieza la ópera?**
*a ke óra empiéθa la ópera*

**A las ocho en punto** — Alle otto precise
*a las ócio en púnto*

Qual è il programma del concerto di stasera? — **¿Cuál es el programa del concierto de esta noche?**
*kuál es el prográma del konθiérto de ésta nóce*

Chi dirige l'orchestra? — **¿Quién dirige la orquesta?**
*kién diríχe la orkésta*

Ci sono ancora posti liberi centrali/laterali? — **¿Quedan todavía localidades centrales/laterales libres?**
*kédan todabía lokalidádes θentráles/lateráles líbres*

Dove si comprano i biglietti? — **¿Dónde se compran las entradas?**
*dónde se kómpran las entrádas*

Quanto costa un biglietto? — **¿Cuánto cuesta la entrada?**
*kuánto kuésta la entráda*

Vorrei due posti per il musical di domani sera — **Quisiera reservar dos localidades para el musical de mañana por la noche**
*kisiéra reserbár dos lokalidádes pára el miúsikol de magnána por la nóce*

Posso prenotare i posti per telefono? — **¿Puedo reservar las localidades por teléfono?**
*puédo reserbár las lokalidádes por teléfono*

| | | |
|---|---|---|
| Quanto tempo prima dello spettacolo devo ritirare i biglietti? | **¿Cuánto tiempo antes del espectáculo se puede/hay que recoger las entradas?** *kuánto tiémpo ántes del espektákulo se puéde/ái ke rekoχér las entrádas* | |
| A che ora termina lo spettacolo? | **¿A qué hora termina el espectáculo?** *a ke óra termína el espektákulo* | |

## Discoteche e locali notturni

| | | |
|---|---|---|
| ballare | **bailar** | *bailár* |
| ballo | **baile** | *báile* |
| bar | **bar** | *bar* |
| biglietto d'ingresso | **entrada** | *entráda* |
| brindare | **brindar** | *brindár* |
| brindisi | **brindis** | *bríndis* |
| buttafuori | **gorila** | *goríla* |
| cameriere | **camarero** | *kamaréro* |
| cantante | **cantante** | *kantánte* |
| casinò | **casino** | *kasíno* |
| croupier | **crupier** | *krupiér* |
| fiche | **fichas** | *fícias* |
| gettone | **ficha** | *fícia* |
| gioco d'azzardo | **juego de azar** | *χuégo de aθár* |
| puntare/scommettere | **apostar** | *apostár* |
| roulette | **ruleta** | *ruléta* |
| complesso musicale | **conjunto musical** | *konχúnto musikál* |
| consumazione | **consumición** | *konsumiθión* |
| discoteca | **discoteca** | *diskotéka* |
| guardaroba | **guardarropa** | *guardarrópa* |
| locale (notturno) | **local (nocturno)** | *lokál (noktúrno)* |
| night-club | **night club/ club nocturno** | *náitklub/ klub noktúrno* |
| numero/esibizione | **número** | *número* |
| pista da ballo | **pista de baile** | *písta de báile* |
| sala giochi | **sala de juegos** | *sála de χuégos* |
| slot-machine | **máquina tragaperras** | *mákina tragapérras* |
| spettacolo | **espectáculo** | *espektákulo* |

| | | |
|---|---|---|
| spogliarello | **striptease** | *striptís* |
| spogliarellista | **artista de striptease** | *artísta de striptís* |
| tavolo | **mesa** | *mésa* |

A che ora apre/chiude la discoteca?
**¿A qué hora abre/cierra la discoteca?**
*a ke óra ábre/θiérra la diskotéka*

Quanto costa l'ingresso?
**¿Cuánto cuesta la entrada?**
*kuánto kuésta la entráda*

C'è un locale/una serata gay?
**¿Hay algún local/algún espectáculo gay?**
*ái algún lokál/algún espektákulo gái*

Dove si può ascoltare musica dal vivo?
**¿Dónde se puede escuchar música en directo?**
*dónde se puéde eskuciár músika en dirékto*

Che tipo di musica si suona in questo locale?
**¿Qué tipo de música tocan en este local?**
*ke típo de músika tókan en éste lokál*

# 7 • SHOPPING

## Le parole dello shopping

| | | |
|---|---|---|
| **acquistare/comprare** | **comprar** | *komprár* |
| acquisto | **compra** | *kómpra* |
| on-line | **en línea** | *en línea* |
| **banco** | **mostrador** | *mostradór* |
| **bancomat** | **tarjeta de débito** | *tarχéta de débito* |
| **carta di credito** | **tarjeta de crédito** | *tarχéta de krédito* |
| virtuale | **virtual** | *birtuál* |
| **cassa** | **caja** | *káχa* |
| cassiere/a | **cajero/a** | *kaχéro/a* |
| scontrino | **recibo** | *reθíbo* |
| **commesso/a** | **dependiente/a** | *dependiénte/a* |
| **confezione regalo** | **paquete regalo** | *pakéte regálo* |
| **costare** | **costar** | *kostár* |
| costo | **coste** | *kóste* |
| **marca** | **marca** | *márka* |
| **negozio** | **tienda** | *tiénda* |
| orario | **horario** | *orário* |
| reparto | **sección** | *sekθión* |
| vetrina | **escaparate** | *eskaparáte* |
| **pagare** | **pagar** | *pagár* |
| **piano** | **planta** | *plánta* |
| **prezzo** | **precio** | *préθio* |
| **regalo** | **regalo** | *regálo* |
| **sacchetto** | **bolsa** | *bólsa* |
| biodegradabile | **biodegradable** | *biodegradáble* |
| di carta/plastica | **de papel/plástico** | *de papél/plástiko* |
| **scaffale** | **estantería** | *estantería* |
| **scala mobile** | **escalera mecánica** | *eskaléra mekánika* |
| **scatola** | **caja** | *káχa* |

| | | |
|---|---|---|
| sconto | **descuento** | *deskuénto* |
| vendere | **vender** | *bendér* |
| vendita | **venta** | *bénta* |

## Chiedere il prezzo, fare acquisti

**¿Qué desea?/¿Puedo ayudarle en algo?** *ke deséa/puédo agiudárle en álgo* — Desidera?/ Posso aiutarla?

Quanto costa/ costano? — **¿Cuánto cuesta/cuestan?** *kuánto kuésta/kuéstan*

Vorrei spendere meno — **Quisiera gastar menos** • *kisiéra gastár ménos*

Ha qualcosa di più economico? — **¿Tiene algo más barato?** *tiéne álgo mas baráto*

Mi può fare uno sconto? — **¿Puede hacerme un descuento?** *puéde aθérme un deskuénto*

**Los precios son fijos** • *los préθios son fíχos* — I prezzi sono fissi

**El precio ya está descontado** *el préθio giá está deskontádo* — Il prezzo è già scontato

**En las rebajas no se hacen descuentos** *en las rebáχas no se áθen deskuéntos* — Sugli oggetti in saldo non si fanno sconti

**El descuento es del treinta por ciento sobre todos los productos** • *el deskuénto es del tréinta por θiénto sóbre tódos los prodúktos* — Lo sconto è del 30% su tutti gli articoli

Prendo questo. Posso eventualmente cambiarlo? — **Me llevo éste. ¿Admiten cambios?** *me gliébo éste admíten kámbios*

**Sí, pero guarde el recibo** *si péro guárde el reθíbo* — Sì, ma conservi lo scontrino

Quanto le devo? — **¿Cuánto tengo que pagar?** *kuánto téngo ke pagár*

Posso pagare con la carta di credito/ con un assegno? — **¿Puedo pagar con tarjeta/con un cheque?** *puédo pagár kon tarχéta/kon un céke*

**¿Desea algo más?** • *deséa álgo mas* — Desidera qualcos'altro?

| | | |
|---|---|---|
| No, grazie | **No, gracias** • *no gráθias* | |
| Vorrei un pacchetto regalo | **Quisiera un paquete regalo** *kisiéra un pakéte regálo* | |

| | |
|---|---|
| **Pague en la caja** • *pághe en la káχa* | Paghi alla cassa |
| **Guarde el recibo, sirve como garantía** *guárde el reθíbo sírbe kómo garantía* | Conservi lo scontrino, serve da garanzia |

| Cartelli e avvisi nei negozi | | |
|---|---|---|
| **Agotado** | *agotádo* | Esaurito |
| **Cerrado/abierto** | *θerrádo/abiérto* | Chiuso/aperto |
| **Cerrado por vacaciones** | *θerrádo por bakaθiónes* | Chiuso per ferie |
| **Descuentos** | *deskuéntos* | Sconti |
| **Entrada libre** | *entráda líbre* | Ingresso libero |
| **Liquidación por cierre** | *likidaθión por θiérre* | Liquidazione per cessata attività |
| **Liquidaciones** | *likidaθiónes* | Liquidazioni |
| **Ocasiones/ofertas** | *okasiónes/ofértas* | Occasioni/offerte speciali |
| **Rebajas** | *rebáχas* | Sconti/saldi |
| **Venta promocional** | *bénta promoθionál* | Vendita promozionale |

# I negozi

Alcuni negozi legati alle attività quotidiane sono trattati in *Vita quotidiana*, nella sezione *4. Alloggio e soggiorno.*

| | | |
|---|---|---|
| abbigliamento | **ropa** | *rópa* |
| antiquariato | **antigüedades** | *antiguedádes* |
| articoli da regalo | **objetos para regalo** | *obχétos pára regálo* |
| articoli sportivi | **artículos de deporte** | *artíkulos de depórte* |
| calzature | **calzados** | *kalθádos* |
| cartoleria | **papelería** | *papelería* |
| casalinghi | **artículos para el hogar** | *artíkulos pára el ogár* |
| centro commerciale | **centro comercial** | *θéntro komerθiál* |
| dischi | **discos** | *dískos* |
| elettrodomestici | **electrodomésticos** | *elektrodoméstikos* |

| | | |
|---|---|---|
| elettronica | **tienda de electrónica** | *tiénda de elektrónika* |
| enoteca | **enoteca** | *enotéka* |
| erboristeria | **herboristería** | *erboristería* |
| estetista | **esteticista** | *estetiθísta* |
| ferramenta | **ferretería** | *ferretería* |
| fiorista | **floristería** | *floristería* |
| fotografo | **fotógrafo** | *fotógrafo* |
| giocattoli | **juguetes** | *χughétes* |
| gioielleria | **joyería** | *χogiería* |
| grande magazzino | **grandes almacenes** | *grándes almaθénes* |
| merceria | **mercería** | *merθería* |
| orologeria | **relojería** | *reloχería* |
| ottico | **óptico** | *óptiko* |
| pelletteria | **peletería** | *peletería* |
| pellicceria | **pellejería** | *peglieχería* |
| profumeria | **perfumería** | *perfumería* |
| tabaccheria | **estanco** | *estánko* |
| tessuti | **tejidos** | *teχídos* |
| videotelefonia | **videotelefonía** | *bideotelefonía* |

## Abbigliamento

In Spagna le taglie non corrispondono a quelle italiane. Qui sotto indichiamo le taglie corrispondenti:

| DONNA | | UOMO | |
|---|---|---|---|
| Spagna | Italia | Spagna | Italia |
| 34 | 38 | 40 | 44 |
| 36 | 40 | 42 | 46 |
| 38 | 42 | 44 | 48 |
| 40 | 44 | 46 | 50 |
| 42 | 46 | 48 | 52 |
| 44 | 48 | 50 | 54 |

| | | |
|---|---|---|
| abito/vestito (da donna) | **vestido** | *bestído* |
| da uomo | **traje** | *tráχe* |
| berretto | **gorro** | *górro* |
| biancheria intima | **ropa interior/lencería** | *rópa interiór/lenθería* |
| reggiseno | **sujetador/sostén** | *suχetadór/sostén* |
| boxer | **boxers** | *bóksers* |

| | | |
|---|---|---|
| mutande (da donna) | **bragas** | *brágas* |
| (da uomo) | **calzoncillos** | *kalθonθíglios* |
| slip (da donna) | **braguitas** | *braghítas* |
| (da uomo) | **slip** | *slip* |
| tanga | **tanga** | *tánga* |
| **bretelle** | **tirantes** | *tirántes* |
| **calzini** | **calcetines** | *kalθetínes* |
| **camicetta** | **blusa** | *blúsa* |
| **camicia** | **camisa** | *kamísa* |
| a maniche corte/ lunghe | **de mangas cortas/ largas** | *de mángas kórtas/ lárgas* |
| da notte | **camisón** | *kamisón* |
| **cappello** | **sombrero** | *sombréro* |
| **cappotto** | **abrigo/gabán** | *abrígo/gabán* |
| **cerniera lampo** | **cremallera** | *kremagliéra* |
| **collant** | **panty** | *pánti* |
| calze autoreggenti | **medias autosujetables** | *médias autosuχetábles* |
| **costume da bagno** (intero da donna) | **bañador/ traje de baño** | *bagnadór/ tráχe de bágno* |
| da uomo | **bañador** | *bagnadór* |
| bikini | **bikini** | *bikíni* |
| **cravatta** | **corbata** | *korbáta* |
| **fazzoletto** | **pañuelo** | *pagnuélo* |
| **felpa** | **sudadera** | *sudadéra* |
| **foulard** | **pañuelo** | *pagnuélo* |
| **giacca** | **chaqueta** | *ciakéta* |
| a vento | **anorak** | *anorák* |
| **giubbotto** | **cazadora** | *kaθadóra* |
| **golf** | **jersey/suéter** | *χerséi/suéter* |
| **gonna** | **falda** | *fálda* |
| **impermeabile** | **impermeable** | *impermeáble* |
| **jeans** | **vaqueros** | *bakéros* |
| **maglietta** | **camiseta** | *kamiséta* |
| intima | **interior** | *interiór* |
| **maglione** | **jersey/suéter** | *χerséi/suéter* |
| **moda** | **moda** | *móda* |
| eco-solidale | **sostenible/ecológica** | *sosteníble/ekolóχika* |
| **pantaloni** | **pantalones** | *pantalónes* |

| | | |
|---|---|---|
| pantaloncini | **pantalones cortos** | *pantalónes kórtos* |
| pigiama | **pijama** | *pixáma* |
| sciarpa | **bufanda** | *bufánda* |
| taglia/misura | **talla** | *táglia* |
| tailleur | **traje de chaqueta** | *tráxe de ciakéta* |
| tuta (sportiva) | **chándal** | *ciándal* |
| vestaglia | **bata** | *báta* |

## Tessuti

| | | |
|---|---|---|
| cotone | **algodón** | *algodón* |
| fibre sintetiche | **fibras sintéticas** | *fíbras sintétikas* |
| lana | **lana** | *lána* |
| lino | **lino** | *líno* |
| nylon | **nylon** | *náilon* |
| seta | **seda** | *séda* |
| spugna | **rizo esponjoso** | *ríθo esponxóso* |
| tessuto/stoffa | **tejido** | *texído* |
| velluto | **terciopelo** | *terθiopélo* |
| a coste | **de pana** | *de pána* |

### Etichette dei capi d'abbigliamento

| | | |
|---|---|---|
| **100% algodón/seda** | *θién por θién algodón/ séda* | Puro cotone/ Pura seta |
| **100% Pura lana/ Pura lana virgen** | *θién por θién púra lána/ púra lána bírxen* | Pura lana/ Pura lana vergine |
| **Fibras sintéticas** | *fíbras sintétikas* | Fibre sintetiche |
| **Mixto lino** | *míksto líno* | Misto lino |
| **Piel verdadera/ Cuero verdadero** | *piél berdadéra/ kuéro berdadéro* | Vera pelle/ Vero cuoio |
| **Lavable en lavadora** | *lavábIe en labadóra* | Lavabile in lavatrice |
| **Limpieza en seco** | *limpiéθa en séko* | Lavare a secco |
| **Lavado suave a mano** | *labádo suábe a máno* | Lavare a mano |
| **Planchado max 110°** | *planciádo máksimo θientodiéθ grádos* | Stirare con ferro tiepido |

| | |
|---|---|
| Posso dare un'occhiata? | **¿Puedo echar una mirada?**<br>*puédo eciár úna miráda* |
| Sto cercando una gonna | **Estoy buscando una falda**<br>*estói buskándo úna fálda* |
| **¿Qué talla lleva/tiene?**<br>*ke táglia gliéba/tiéne* | Che taglia porta? |
| La 44 italiana | **La cuarenta y cuatro italiana**<br>*la kuarénta i kuátro italiána* |
| **¿Quiere probar ésta?**<br>*kiére probár ésta* | Vuole provare questa? |
| Dov'è il camerino? | **¿Dónde está el probador?**<br>*dónde está el probadór* |
| È un po' lunga/larga/ stretta. Fate le riparazioni? | **Me queda un poco larga/ancha/ajustada. ¿Hacen arreglos?**<br>*me kéda un póko lárga/áncia/aχustáda áθen arréglos* |
| Mi piace, la prendo. Quando sarà pronta? | **Me gusta, me la llevo. ¿Cuándo estará lista?**<br>*me gústa me la gliébo kuándo estará lísta* |
| Avete magliette dello stesso colore? | **¿Tienen camisetas del mismo color?**<br>*tiénen kamisétas del mísmo kolór* |

## Articoli da regalo

| | | |
|---|---|---|
| argenteria | **platería** | *platería* |
| artigianato locale | **artesanía local** | *artesanía lokál* |
| equo-solidale | **de comercio justo** | *de komérθio χústo* |
| ceramica | **cerámica** | *θerámika* |
| dipinta a mano | **pintada a mano** | *pintáda a máno* |
| costumi tradizionali | **trajes tradicionales** | *tráχes tradiθionáles* |
| gioielli etnici | **joyas tradicionales** | *χógias tradiθionáles* |
| bigiotteria | **bisutería** | *bisutería* |
| mantiglia | **mantilla** | *mantíglia* |
| nacchere | **castañuelas** | *kastagnuélas* |
| oggetti di cuoio/ pelle | **objetos de cuero/ piel** | *obχétos de kuéro/ piél* |
| pizzi | **encajes** | *enkáχes* |

| | | |
|---|---|---|
| porcellane | **porcelanas** | *porθelánas* |
| ricami | **bordados** | *bordádos* |
| stampe/incisioni | **grabados** | *grabádos* |
| ventaglio | **abanico** | *abaníko* |

Dove posso acquistare souvenir del posto? **¿Dónde puedo comprar recuerdos del lugar?** *dónde puédo komprár rekuérdos del lugár*

Vendete prodotti del mercato equo-solidale? **¿Venden ustedes productos de comercio justo?** *bénden ustédes prodúktos de komérθio χústo*

Desidero qualcosa di tipico da regalare **Quisiera algún objeto típico/de artesanía local para regalar** • *kisiéra algún obχéto típiko/de artesanía lokál pára regalár*

Che cosa mi consiglia? **¿Qué me recomienda?** *ke me rekomiénda*

Quanto costa quella tovaglia? È ricamata a mano? **¿Qué precio tiene aquel mantel? ¿Está bordado a mano?** *ke préθio tiéne akél mantél está bordádo a máno*

Scelgo i piatti di ceramica **Me llevo los platos de cerámica** *me gliébo los plátos de θerámika*

## Calzature

| | | |
|---|---|---|
| ballerine | **bailarinas planas** | *bailarínas plánas* |
| infradito | **chancleta** | *cianklléta* |
| lucido per le scarpe | **betún** | *betún* |
| mocassini | **mocasines** | *mokasínes* |
| numero | **talla** | *táglia* |
| paio | **par** | *par* |
| pantofole | **pantuflas** | *pantúflas* |
| piede | **pie** | *pié* |
| provare/misurare | **probar** | *probár* |
| punta | **punta** | *púnta* |
| sandali | **sandalias** | *sandálias* |
| scarpe | **zapatos** | *θapátos* |
| di pelle/cuoio | **de piel** | *de piél* |

| | | |
|---|---|---|
| di vernice | **de charol** | *de ciaról* |
| scollate | **escotados** | *eskotádos* |
| comode | **cómodos** | *kómodos* |
| eleganti | **elegantes** | *elegántes* |
| da ginnastica | **de deporte/bambas** | *de depórte/bámbas* |
| **stivali** | **botas** | *bótas* |
| di gomma | **katiuskas** | *katiúskas* |
| **stringhe** | **cordones** | *kordónes* |
| **suola** | **suela** | *suéla* |
| di cuoio/gomma/para | **de cuero/caucho/crepé** | *de kuéro/káucio/krepé* |
| **tacco** | **tacón** | *takón* |
| alto/basso | **alto/bajo** | *álto/báχo* |
| a spillo | **de aguja** | *de agúχa* |
| zoccoli | **zuecos** | *θuékos* |

Posso vedere i mocassini da uomo che ha in vetrina? — **¿Puedo ver los mocasines de hombre/caballero que tiene en el escaparate?** • *puédo ber los mokasínes de ómbre/kabagliéro ke tiéne en el eskaparáte*

**¿Qué número tiene?** • *ke número tiéne* — Che numero porta?

Porto il 41 italiano — **Tengo el cuarenta y uno italiano** *téngo el kuarénta i úno italiáno*

Sono un po' stretti/Mi toccano in punta — **Me aprietan un poco/Me tocan los dedos en la punta** *me apriétan un póko/me tókan los dédos en la púnta*

**¿Quiere probárselos medio número más grandes?** *kiére probárselos médio número mas grándes* — Vuole provarli di un numero in più?

Questi mi vanno bene — **Estos me quedan bien** • *éstos me kédan bién*

# Cartoleria

| | | |
|---|---|---|
| agenda | **agenda** | *aχénda* |
| **album** (da disegno) | **álbum para dibujar** | *álbum pára dibuχár* |
| per fotografie | **para fotografías** | *pára fotografías* |
| **biglietto** | **tarjeta** | *tarχéta* |
| da visita | **de visita** | *de bisíta* |

| | | |
|---|---|---|
| di auguri | **de felicitaciones** | *de feliθitaθiónes* |
| block-notes | **bloc/cartapacio** | *blok/kartapáθio* |
| busta | **sobre** | *sóbre* |
| carta | **papel** | *papél* |
| da lettere | **de cartas** | *de kártas* |
| da regalo | **de regalo** | *de regálo* |
| carte da gioco | **naipes/cartas** | *náipes/kártas* |
| colla | **pegamento** | *pegaménto* |
| colori | **pintura/colores** | *pintúra/kolóres* |
| a olio | **pintura al óleo** | *pintúra al óleo* |
| a tempera | **pintura al temple** | *pintúra al témple* |
| acquerelli | **acuarelas** | *akuarélas* |
| evidenziatore | **marcador** | *markadór* |
| foglio | **hoja** | *óχa* |
| formato A4 | **tamaño A4** | *tamágno a kuátro* |
| gomma per cancellare | **goma** | *góma* |
| graffette | **grapas** | *grápas* |
| matita | **lápiz** | *lápiθ* |
| colorata | **de color** | *de kolór* |
| nastro | **cinta** | *θínta* |
| adesivo | **celo** | *θélo* |
| penna | **pluma** | *plúma* |
| biro®/a sfera | **bolígrafo** | *bolígrafo* |
| stilografica | **estilográfica** | *estilográfika* |
| pennarello | **rotulador** | *rotuladór* |
| pennello | **pincel** | *pinθél* |
| pinzatrice | **grapadora** | *grapadóra* |
| quaderno | **cuaderno** | *kuadérno* |
| a quadretti/righe | **cuadriculado/rayado** | *kuadrikuládo/ragiádo* |
| riga/righello | **regla** | *régla* |
| squadra | **escuadra/cartabón** | *kordél/kartabón* |
| temperamatite | **sacapuntas** | *sakapúntas* |

Desidero un album da disegno e una scatola di pastelli

**Quiero un álbum para dibujar y una caja de lápices**
*kiéro un álbum pára dibuχár i úna káχa de lápiθes*

| | |
|---|---|
| Avete dei biglietti di auguri/delle cartoline della città? | **¿Tienen tarjetas de felicitaciones/postales de la ciudad?** *tiénen tarχétas de feliθitaθiónes/postáles de la θiudá(d)* |
| Mi servono delle buste imbottite | **Necesito unos sobres acolchados** *neθesíto únos sóbres akolciádos* |

**¿De este tamaño? ¿Más grandes/pequeñas?** *de éste tamágno mas grándes/pekégnas* — Di questo formato? Più grandi/piccole?

## Compact-disc e hi-fi

| | | |
|---|---|---|
| album | **álbum (musical)** | *álbum (musikál)* |
| ascoltare | **escuchar** | *eskuciár* |
| auricolari | **auriculares** | *aurikuláres* |
| autore | **autor** | *autór* |
| casse acustiche | **cajas acústicas** | *káχas akústikas* |
| CD | **CD** | *θedé* |
| compilation | **compilación** | *kompilaθión* |
| cuffie | **cascos/auriculares** | *káskos/aurikuláres* |
| esecuzione | **ejecución** | *eχekuθión* |
| giradischi | **tocadiscos** | *tokadískos* |
| impianto stereo | **equipo hi-fi/cadena de música** | *ekípo ái-fái/kadéna de músika* |
| incisione | **grabación** | *grabaθión* |
| iPod | **ipod** | *aipód/ipód* |
| nano | **nano** | *náno* |
| touch | **touch** | *tach* |
| lettore CD | **lector de CD** | *lektór de θedé* |
| microfono | **micrófono** | *mikrófono* |
| MP3/MP4 | **MP3/MP4** | *emepetrés/emepequátro* |
| musica | **música** | *músika* |
| traccia | **pista** | *písta* |
| volume | **volumen** | *bolúmen* |

| | |
|---|---|
| Vorrei un lettore CD portatile | **Quisiera un lector de CD portátil, por favor** *kisiéra un lektór de θedé portátil por fabór* |

| | |
|---|---|
| Dove trovo i CD di musica jazz/classica? | **¿Dónde puedo encontrar los CD de música jazz/clásica?** *dónde puédo enkontrár los θedé de músika χaθ/klásika* |
| Desidero l'ultimo album di ... | **Quiero el último álbum de ...** *kiéro el último álbum de* |
| Posso ascoltare questa traccia? | **¿Puedo escuchar esta pista?** *puédo eskuciár ésta písta* |

## Estetista

| | | |
|---|---|---|
| ceretta | **cera** | *θéra* |
| lampada abbronzante | **lámpara de rayos UVA** | *lámpara de ráios úba* |
| manicure | **manicura** | *manikúra* |
| massaggio | **masaje** | *masáχe* |
| pedicure | **pedicuro** | *pedikúro* |
| pulizia del viso | **limpieza de la cara** | *limpiéθa de la kára* |
| tatuaggio | **tatuaje** | *tatuáχe* |
| trucco | **maquillaje** | *makigliáχe* |

| | |
|---|---|
| Vorrei fare la manicure/la pulizia del viso | **Quisiera hacer la manicura/la limpieza de la cara** *kisiéra aθér la manikúra/la limpiéθa de la kára* |
| Mi potrebbe anche truccare? | **¿Podría también maquillarme?** *podría también makigliárme* |
| Per la ceretta alle gambe devo prendere un appuntamento? | **¿Para hacer la cera a las piernas tengo que pedir cita?** *pára aθér la θéra a las piérnas téngo ke pedír θíta* |

## Fiorista

| | | |
|---|---|---|
| azalea | **azalea** | *aθaléa* |
| ciclamino | **pamporcino** | *pamporθíno* |
| crisantemo | **crisantemo** | *krisantémo* |
| dalia | **dalia** | *dália* |
| fiori | **flores** | *flóres* |

| | | |
|---|---|---|
| recisi | **cortadas** | *kortádas* |
| secchi | **secas** | *sékas* |
| mazzo | **ramo** | *rámo* |
| garofano | **clavel** | *klabél* |
| geranio | **geranio** | *χeránio* |
| giacinto | **jacinto** | *χaθínto* |
| giglio | **azucena** | *aθuθéna* |
| girasole | **girasol** | *χirasól* |
| gladiolo | **gladíolo** | *gladíolo* |
| margherita | **margarita** | *margaríta* |
| orchidea | **orquídea** | *orkídea* |
| pianta | **planta** | *plánta* |
| grassa | **suculenta** | *sukulénta* |
| verde | **verde** | *bérde* |
| da appartamento | **de apartamento** | *de apartaménto* |
| rosa | **rosa** | *rósa* |
| tulipano | **tulipán** | *tulipán* |
| vaso | **maceta** | *maθéta* |

Vorrei un mazzo di tulipani bianchi/ un vaso di ciclamini
**Quisiera un ramo de tulipanes blancos/una maceta de pamporcinos**
*kisiéra un rámo de tulipánes blánkos/úna maθéta de pamporθínos*

Sette garofani e un po' di verde, per favore
**Siete claveles y algunas hojas, por favor**
*siéte klabéles i algúnas óχas por fabór*

Può consegnare la pianta a questo indirizzo?
**¿Puede entregar la planta a estas señas?**
*puéde entregár la plánta a éstas ségnas*

Ha per favore un biglietto bianco e una busta?
**¿Por favor, tiene una tarjeta blanca y un sobre?**
*por fabór tiéne úna tarχéta blánka i un sóbre*

## Fotografo

| | | |
|---|---|---|
| autoscatto | **disparador automático** | *disparadór automátiko* |
| batteria | **batería** | *batería* |

| | | |
|---|---|---|
| caricabatteria | **cargador** | *kargadór* |
| carta | **papel** | *papél* |
| lucida/opaca | **brillo/mate** | *bríglio/máte* |
| CD | **CD** | *θedé* |
| copia | **copia** | *kópia* |
| diaframma | **diafragma** | *diafrágma* |
| diapositiva | **diapositiva** | *diapositíba* |
| esposimetro | **exposímetro** | *eksposímetro* |
| esposizione | **exposición** | *eksposiθión* |
| filtro | **filtro** | *fíltro* |
| flash | **flas** | *flas* |
| formato | **tamaño** | *tamágno* |
| tessera | **carné** | *karné* |
| fotocamera digitale | **cámara (de fotos) digital** | *kámara (de fótos) diχitál* |
| fotografia | **fotografía** | *fotografía* |
| grandangolo | **gran angular** | *gran angulár* |
| ingrandimento | **ampliación** | *ampliaθión* |
| inquadratura | **encuadre** | *enkuádre* |
| macchina fotografica | **cámara fotográfica** | *kámara fotográfika* |
| automatica | **automática** | *automátika* |
| reflex | **réflex** | *réfleks* |
| usa e getta | **de usar y tirar** | *de usár i tirár* |
| messa a fuoco | **enfoque** | *enfóke* |
| negativo | **negativo** | *negatíbo* |
| obiettivo | **objetivo** | *obχetíbo* |
| pellicola/rullino | **película/carrete** | *pelíkula/karréte* |
| a colori | **en color** | *en kolór* |
| in bianco e nero | **en blanco y negro** | *en blánko i négro* |
| per diapositive | **para diapositivas** | *pára diapositíbas* |
| polaroid® | **polaroid** | *polaróid* |
| provini | **pruebas** | *pruébas* |
| riproduzione | **reproducción** | *reprodukθión* |
| scheda memoria | **tarjeta de memoria** | *tarχéta de memória* |
| stampa | **acabado** | *akabádo* |
| sviluppare | **revelar** | *rebelár* |
| teleobiettivo | **teleobjetivo** | *teleobχetíbo* |
| videocamera | **videocámara** | *bideokámara* |
| visore | **visor** | *bisór* |
| zoom | **zoom/zum** | *θum* |

| | | |
|---|---|---|
| Può aiutarmi a togliere il rullino/caricare la macchina? | **¿Puede ayudarme a sacar el carrete/cargar la cámara?** *puéde agiudárme a sakár el karréte/kargár la kámara* | |
| Vorrei far sviluppare questa pellicola | **Quisiera revelar este carrete** *kisiéra rebelár éste karréte* | |
| Vorrei scaricare le foto dalla fotocamera digitale | **Quisiera descargar/bajar las fotos de la cámara digital** *kisiéra deskargár/baχár las fótos de la kámara diχitál* | |
| Può stampare le foto salvate sulla scheda di memoria? | **Puede imprimir las fotos guardadas en la tarjeta de memoria?** • *puéde imprmír las fótos guardádas en la tarχéta de memória* | |
| Stampi solo le foto riuscite | **Revele sólo las fotos que han salido bien** *rebéle sólo las fótos ke an salído bién* | |
| Vorrei due copie di questa foto | **Quisiera dos copias de esta foto** *kisiéra dos kópias de ésta fóto* | |
| Quando posso venire a ritirarle? | **¿Cuándo puedo pasar a recogerlas?** *kuándo puédo pasár a rekoχérlas* | |
| Mi occorrono 4 foto formato tessera | **Necesito cuatro fotos tamaño carné** *neθesíto kuátro fótos tamágno karné* | |
| Mi dia un rullino a colori da 24/36 pose, … ASA | **Quisiera un carrete en color de veinte y cuatro/ treinta y seis exposiciones, … ASA** *kisiéra un karréte en kolór de béinte i kuátro/tréinta i séis eksposiθiónes … ása* | |
| La mia videocamera non funziona. Può ripararla? | **Mi videocámara no funciona. ¿Puede arreglarla?** *mi bideokámara no funθióna puéde arreglárla* | |
| | **No conviene arreglarla, costaría demasiado** *no konbiéne arreglárla kostaría demasiádo* | Non le conviene farla riparare, le costerebbe troppo |

## Giocattoli

| | | |
|---|---|---|
| bambola | **muñeca** | *mugnéka* |
| costruzioni | **construcciones** | *konstrukθiónes* |
| giocattolo | **juguete** | *χughéte* |

| | | |
|---|---|---|
| elettronico | **electrónico** | *elektróniko* |
| a pile | **a baterías** | *a baterías* |
| in legno | **de madera** | *de madéra* |
| da spiaggia | **de playa** | *de plágia* |
| **gioco** | **juego** | *χuégo* |
| creativo | **creativo** | *kreatíbo* |
| da tavolo | **de mesa** | *de mésa* |
| **lavagna** | **pizarra** | *piθárra* |
| cancellabile | **borrable** | *borráble* |
| magnetica | **magnética** | *maghnétika* |
| **macchinina** | **cochecito** | *koceθíto* |
| **monopattino** | **monopatín** | *monopatín* |
| **palla** | **pelota** | *pelóta* |
| **peluche** | **peluche** | *pelúce* |
| **puzzle** | **puzle** | *púθle* |
| **strumento musicale** | **instrumento musical** | *instruménto musikál* |
| **trattore** | **tractor** | *traktór* |
| **trenino elettrico** | **tren eléctrico** | *tren eléktriko* |
| **triciclo** | **triciclo** | *triθíklo* |

| | |
|---|---|
| C'è un negozio di giocattoli qui vicino? | **¿Hay una tienda de juguetes por aquí cerca?** *ái úna tiénda de χughétes por akí θérka* |
| Cerco un gioco per un bambino di 7 anni | **Busco un juguete para un niño de siete años** *búsko un χughéte pára un nígno de siéte ágnos* |
| Avete dei modellini d'auto? | **¿Tienen ustedes miniaturas de coches?** *tiénen ustédes miniatúras de kóces* |

## Gioielleria e orologeria

| | | |
|---|---|---|
| acquamarina | **aguamarina** | *aguamarína* |
| ambra | **ámbar** | *ámbar* |
| anello | **anillo** | *aníglio* |
| argento | **plata** | *pláta* |
| avorio | **marfil** | *marfíl* |
| braccialetto | **brazalete/pulsera** | *braθaléte/pulséra* |
| brillante/diamante | **brillante/diamante** | *brigliánte/diamánte* |
| catena/catenina | **cadenilla** | *kadeníglia* |

| | | |
|---|---|---|
| ciondolo | **dije** | *díχe* |
| collana | **collar** | *kogliár* |
| corallo | **coral** | *korál* |
| dilatatore | **dilatador** | *dilatadór* |
| fede/fedina | **alianza** | *aliánθa* |
| filigrana | **filigrana** | *filigrána* |
| giada | **jade** | *χáde* |
| gioiello | **joya** | *χógia* |
| medaglia | **medalla** | *medáglia* |
| montatura | **montura** | *montúra* |
| orecchini | **aretes** | *arétes* |
| pendenti | **pendientes** | *pendiéntes* |
| **oro** | **oro** | *óro* |
| placcato oro | **chapado en oro** | *ciapádo en óro* |
| **orologio** | **reloj** | *relóχ* |
| automatico | **automático** | *automátiko* |
| a pila | **a batería** | *a batería* |
| digitale | **digital** | *diχitál* |
| subacqueo | **subacuático** | *subakuátiko* |
| cinturino | **correa** | *korréa* |
| **perla** | **perla** | *pérla* |
| **piercing** | **piercing/pirsin/ perforación** | *pirsíng/pírsin/ perforaθión* |
| **pietra dura** | **piedra dura** | *piédra dúra* |
| **pietra preziosa** | **piedra preciosa** | *piédra preθiósa* |
| **platino** | **platino** | *platíno* |
| **rubino** | **rubí** | *rubí* |
| **smeraldo** | **esmeralda** | *esmerálda* |
| **spilla** | **alfiler** | *alfilér* |
| **sveglia** | **despertador** | *despertadór* |
| **turchese** | **turquesa** | *turkésa* |
| **zaffiro** | **záfiro** | *θáfiro* |

Vorrei degli orecchini d'argento a clip/ per lobo forato

**Quisiera unos aretes de plata de clip/ para lóbulo perforado**
*kisiéra únos arétes de pláta de klip/ pára lóbulo perforádo*

| | | |
|---|---|---|
| Avete dei ciondoli in pietra dura? | **¿Tienen dijes en piedra dura?**<br>*tiénen díχes en piédra dúra* | |
| Desidero vedere dei brillantini per piercing al naso | **Quisiera ver brillantes para piercing/ pirsin de nariz**<br>*kisiéra ber brigliántes pára pirsín de naríθ* | |
| Avete dei braccialetti in oro? | **Tienen/Venden pulseras de oro?**<br>*tiénen/bénden pulséras de óro* | |
| Quanto costa la collana in vetrina? | **¿Cuánto cuesta el collar del escaparate?**<br>*kuánto kuésta el kogliár del eskaparáte* | |
| Sono perle vere o coltivate? | **¿Son perlas verdaderas o cultivadas?**<br>*son pérlas berdadéras o kultibádas* | |
| Vorrei un orologio automatico da donna | **Quisiera un reloj automático de mujer**<br>*kisiéra un relóχ automátiko de muχér* | |
| **¿Con correa de piel o de acero?**<br>*kon korréa de piél o de aθéro* | | Con cinturino di pelle o d'acciaio? |
| Il mio orologio si è fermato. È possibile ripararlo? | **Se me ha parado el reloj. ¿Es posible arreglarlo?**<br>*se me a parádo el relóχ es posíble arreglárlo* | |
| **Le haré un presupuesto, vuelva mañana**<br>*le aré un presupuésto buélba magnána* | | Le farò un preventivo, ripassi domani |
| Il mio orologio va avanti/ritarda | **Mi reloj se adelanta/atrasa**<br>*mi relóχ se adelánta/atrása* | |
| Mi può sostituire la pila? | **¿Puede cambiar la batería?**<br>*puéde kambiár la batería* | |

## Ottico

| | | |
|---|---|---|
| astuccio per occhiali | **estuche** | *estúce* |
| diottria | **dioptría** | *dioptría* |
| lenti | **lentes** | *léntes* |
| a contatto | **lentes de contacto** | *léntes de kontákto* |
| morbide/rigide | **blandas/duras** | *blándas/dúras* |
| usa e getta | **de usar y tirar** | *de usár i tirár* |
| miope | **miope** | *miópe* |
| montatura | **montura** | *montúra* |

| | | |
|---|---|---|
| occhiali | **gafas** | *gáfas* |
| bifocali | **bifocales** | *bifokáles* |
| da lettura | **para leer** | *pára leér* |
| da sole | **de sol** | *de sol* |
| da vista | **de vista** | *de bísta* |
| oculista | **oculista** | *okulísta* |
| presbite | **présbita** | *présbita* |
| stanghette | **patillas** | *patíglias* |

| | |
|---|---|
| Desidero degli occhiali da sole poco costosi/firmati | **Quiero unas gafas de sol baratas/de marca**<br>*kiéro únas gáfas de sol barátas/de márka* |
| Con lenti antiriflesso | **Con lentes antireflejo** • *kon léntes antirefléχo* |
| Vorrei delle lenti a contatto usa e getta | **Quisiera unas lentes de contacto de usar y tirar**<br>*kisiéra únas léntes de kontákto de usár i tirár* |
| Una soluzione detergente per le lenti | **Un detergente para lentes**<br>*un deterχénte pára léntes* |
| Un cordino per tenere appesi gli occhiali | **Un cordel para que las gafas no se caigan**<br>*un kordél pára ke las gáfas no se káigan* |
| Si è staccata una stanghetta degli occhiali, può sistemarla? | **Se me ha despegado una patilla de las gafas, ¿puede arreglarla?**<br>*se me a despegádo úna patíglia de las gáfas puéde arreglárla* |
| Può stringere la vite? | **¿Puede apretar el tornillo?**<br>*puéde apretár el torníglio* |
| Ci vorrà molto tempo? | **¿Necesitará mucho tiempo?**<br>*neθesitará múcio tiémpo* |

## Pelletteria

| | | |
|---|---|---|
| borsa/sacca | **bolso/bolsa** | *bólso/bólsa* |
| borsellino | **monedero** | *monedéro* |
| borsetta | **bolso** | *bólso* |
| cintura | **cinturón** | *θinturón* |
| cuoio | **cuero** | *kuéro* |
| guanti | **guantes** | *guántes* |

| | | |
|---|---|---|
| marsupio | **riñonera** | *riñonéra* |
| ombrello | **paraguas** | *paráguas* |
| pelle | **piel** | *piél* |
| finta pelle | **similcuero** | *similkuéro* |
| portachiavi | **llavero** | *gliabéro* |
| portafoglio | **cartera** | *kartéra* |
| trolley | **maleta trole** | *maléta tróle* |
| valigia | **maleta** | *maléta* |
| zaino | **mochila** | *mocíla* |

Desidero un ombrello pieghevole/una sacca impermeabile
**Deseo un paraguas plegable/un bolso impermeable**
*deséo un parágua plegáble/un bólso impermeáble*

Può fare un foro in più alla cintura?
**¿Puede hacer un agujero más en el cinturón?**
*puéde aθér un aguχéro mas en el θinturón*

È possibile aggiustare il manico della sacca?
**¿Es posible arreglar el mango del bolso?**
*es posíble arreglár el mángo del bólso*



## Profumeria

| | | |
|---|---|---|
| bagnoschiuma | **gel de baño** | *χel de bágno* |
| burro di cacao | **manteca de cacao** | *mánteka de kakáo* |
| crema | **crema** | *kréma* |
| abbronzante | **bronceadora** | *bronθeadóra* |
| da giorno/da notte | **de día/de noche** | *de día/de nóce* |
| depilatoria | **depilatoria** | *depilatória* |
| doposole | **para después del sol** | *pára después del sol* |
| idratante | **hidratante** | *idratánte* |
| nutriente | **nutritiva** | *nutritíba* |
| per le mani/il corpo | **para las manos/el cuerpo** | *pára las mános/el kuérpo* |
| dopobarba | **loción para después del afeitado** | *loθión pára después del afeitádo* |
| fard | **polvo** | *pólbo* |
| fondotinta | **base** | *báse* |
| forbicine | **tijeras** | *tiχéras* |
| gel | **gel** | *χel* |

| | | |
|---|---|---|
| lacca | **laca** | *láka* |
| latte detergente | **leche limpiadora** | *léce limpiadóra* |
| limetta per le unghie | **lima de uñas** | *líma de úgnas* |
| mascara | **rímel** | *rímel* |
| maschera di bellezza | **mascarilla de belleza** | *maskaríglia de begliéθa* |
| matita per gli occhi | **perfilador de ojos** | *perfiladór de óχos* |
| pennello | **pincel** | *pinθél* |
| pettine | **peine** | *péine* |
| pinzette | **pinzas** | *pínθas* |
| profumo | **perfume** | *perfúme* |
| eau de toilette | **agua de colonia** | *água de kolónia* |
| rossetto | **barra/lápiz de labios** | *bárra/lápiθ de lábios* |
| smalto | **esmalte para las uñas** | *esmálte pára las úgnas* |
| solvente/acetone | **quitaesmalte** | *kitaesmálte* |
| spazzola | **cepillo** | *θepíglio* |
| specchio | **espejo** | *espéχo* |
| tronchesino | **corta-uñas** | *kortaúgnas* |

| | |
|---|---|
| Mi dia una crema da giorno per pelli secche/normali/grasse | **Quisiera una crema de día para piel seca/ normal/grasa**<br>*kisiéra úna kréma de día pára piél séka/normál/grása* |
| Desidero un profumo. Può farmi sentire la fragranza? | **Querría un perfume. ¿Puedo probarlo?**<br>*kerría un perfúme puédo probárlo* |
| Dove trovo gli smalti? | **¿Dónde puedo encontrar los esmaltes?**<br>*dónde puédo enkontrár los esmáltes* |
| Avete cosmetici naturali? | **¿Tienen cosméticos naturales?**<br>*tiénen kosmétikos naturáles* |

## Tabaccheria

| | | |
|---|---|---|
| accendino | **encendedor/mechero** | *enθendedór/mecéro* |
| usa e getta | **de usar y tirar** | *de usár i tirár* |
| gas | **gas** | *gas* |
| bocchino | **boquilla** | *bokíglia* |
| cerini | **cerillas** | *θeríglias* |

| | | |
|---|---|---|
| fiammiferi | **fósforos** | *fósforos* |
| francobollo | **sello** | *séglio* |
| pacchetto di sigarette | **paquete de cigarrillos** | *pakéte de θigarríglios* |
| pipa | **pipa** | *pípas* |
| curapipe/nettapipe | **atacador/trío** | *atakadór/trío* |
| scovolino | **escobilla** | *eskobíglia* |
| sigaretta | **cigarrillo** | *θigarríglio* |
| forte/leggera | **normal/light** | *normál/láit* |
| con filtro/senza filtro | **con/sin filtro** | *kon/sin fíltro* |
| sigaro | **cigarro/puro** | *θigárro/púro* |
| stecca | **cartón de cigarrillos** | *kartón de θigarríglios* |
| tabacco | **tabaco** | *tabáko* |
| tagliasigari | **cortapuros** | *kortapúros* |

| | |
|---|---|
| Vorrei un pacchetto di sigarette ... | **Quisiera un paquete/una cajetilla de cigarillos ...**<br>*kisiéra un pakéte/úna kaχetíglia de θigaríglios* |
| Mi dia una busta/una scatola di tabacco da pipa | **Quisiera un paquete/una caja de tabaco de pipa**<br>*kisiéra un pakéte/úna káχa de tabáko de pípa* |
| Vorrei 3 francobolli per cartolina | **Quisiera tres sellos para postal**<br>*kisiéra tres séglios pára postál* |



## Videotelefonia ed elettronica

Per la terminologia e l'uso del computer rinviamo a *Computer, Internet, posta elettronica* nella sezione *9. Pratiche, uffici e servizi*.

| | | |
|---|---|---|
| batterie ricaricabili | **baterías recargables** | *baterías rekargábles* |
| calcolatrice | **calculadora** | *kalkuladóra* |
| caricabatterie | **cargador** | *kargadór* |
| cavetto | **cable** | *káble* |
| cellulare | **móvil/celular** | *móbil/θelulár* |
| touchscreen | **de pantalla táctil/ interactíva** | *de pantáglia táktil/ interaktíba* |
| minitastiera | **mini tecládo** | *míni tekládo* |
| computer | **ordenador** | *ordenadór* |
| desktop | **de sobremesa** | *de sobremésa* |
| laptop | **portátil** | *portátil* |

| | | |
|---|---|---|
| portatile | **portátil** | *portátil* |
| mouse | **ratón** | *ratón* |
| stampante | **impresora** | *impresóra* |
| tastiera | **teclado** | *tekládo* |
| consolle | **consola** | *konsóla* |
| custodia | **funda/estuche** | *fúnda/estúce* |
| decoder | **descodificador/ decodificador** | *deskodifikadór/ dekodifikadór* |
| digitale/digitale terrestre | **digital/digital terrestre** | *diχitál/diχitál terréstre* |
| dispositivo mobile | **dispositivo móvil** | *dispositíbo móbil* |
| smartphone | **teléfono inteligente/ smartphone** | *teléfono inteliχénte/ esmárfon* |
| tablet | **tableta** | *tabléta* |
| telefonino | **(teléfono) móvil/celular** | *(teléfono) móbil/θelulár* |
| DVD | **DVD** | *deubedé* |
| lettore DVD | **lector de DVD** | *lektór de deubedé* |
| playstation | **playstation** | *pleistéscion* |
| radio | **radio** | *rádio* |
| rasoio elettrico | **maquinilla de afeitar** | *makiníglia de afeitár* |
| televisore | **televisor** | *telebisór* |
| portatile | **portátil** | *portátil* |
| a cristalli liquidi | **de cristales líquidos/ cristal líquido** | *de kristáles líkidos/ kristál líkido* |
| al plasma | **de plasma** | *de plásma* |
| videogioco | **videojuego** | *bideoχuégo* |

Che tablet avete? — **¿Qué tabletas tienen?** • *ke tablétas tiénen*

Che videogiochi avete? — **¿Qué videojuegos tienen ustedes?**
*ke bideoχuégos tiénen ustédes*

Quanto dura la garanzia? — **¿Qué duración tiene la garantía?**
*ke duraθión tiéne la garantía*

Può riparare questo cellulare? — **¿Puede arreglar este móvil?**
*puéde arreglár éste móbil*

Vorrei una ricarica telefonica per … — **Quisiera una recarga telefónica para …**
*kisiéra úna rekárga telefónika pára*

Mi può dare un DVD-R? — **¿Puede darme un DVD virgen/registrable?**
*puéde dárme un deubedé bírχen/reχistráble*

# 8 • STUDIO E LAVORO

## Studiare all'estero

Per la ricerca di un alloggio si veda anche la sezione *4. Alloggio e soggiorno.*

| | | |
|---|---|---|
| annuncio | **anuncio** | *anúnθio* |
| attività | **actividad** | *aktividá(d)'* |
| aula | **clase/aula** | *kláse/áula* |
| bacheca | **cartelera/tablero de anuncios** | *karteléra/tabléro de anúnθios* |
| borsa di studio | **beca** | *béka* |
| collegio | **colegio** | *koléχio* |
| corso di perfezionamento | **curso/cursillo de perfeccionamiento** | *kúrso/kursíglio de perfekθionamiénto* |
| cultura | **cultura** | *kultúra* |
| esame | **examen** | *eksámen* |
| estero | **extranjero/exterior** | *ekstranχéro/eksteriór* |
| europeo | **europeo** | *européo* |
| famiglia | **familia** | *família* |
| gemellaggio | **hermanamiento** | *ermanamiénto* |
| interculturale | **intercultural** | *interkulturál* |
| internazionale | **internacional** | *internaθionál* |
| istituto | **instituto** | *institúto* |
| lezione | **clase/lección** | *kláse/lekθión* |
| orario | **horario** | *orário* |
| piano di studi | **plan de estudios** | *plan de estúdios* |
| professore/professoressa | **profesor/a** | *profesór/profesóra* |
| progetto | **proyecto** | *progékto* |
| programma | **programa** | *prográma* |
| residenza | **residencia de estudiantes** | *residénθia de estudiántes* |
| scuola | **colegio/escuela** | *koléχio/eskuéla* |
| seminario | **seminario** | *seminário* |

| | | |
|---|---|---|
| soggiorno | **permanencia/ estancia** | *permanénθia/ estánθia* |
| stage | **prácticas** | *práktikas* |
| studente/studentessa | **estudiante/a** | *estudiánte/estudiánta* |
| università | **universidad** | *unibersidá(d)* |

Sono uno studente italiano — **Soy un estudiante italiano** *sói un estudiánte italiáno*

**¿De cuál universidad saliste?** *de kuál unibersidá(d) biénes* — Da quale università provieni?

**¿Cuánto tiempo vas a quedarte/permanecer?** *kuánto tiémpo bas a kedárte/permaneθér* — Quanto tempo ti fermi?

**¿Qué cursos estás siguiendo?/ ¿A qué cursos acudes?** *ke kúrsos estás siguiéndo/a ke kúrsos akúdes* — Che corsi frequenti?

**¿Dónde estás alojado?** *dónde estás aloχádo* — Dove sei alloggiato?

Frequento la seconda liceo linguistico — **Estoy cursando segundo año del bachillerato de lenguas** • *estói kursándo segúndo ágno del baciglieráto de lénguas*

Sono al terzo anno di scienze politiche — **Estoy en tercer año de ciencias políticas** *estói en terθér ágno de θiénθias polítikas*

Abito presso una famiglia — **Vivo en/Me alojo con una familia de acogida** *bíbo en/me alóχo kon una família de akoχída*

Frequento un corso di perfezionamento — **Asisto a un curso/cursillo de perfeccionamiento** *asísto a un kúrso/kursíglio de perfekθionamiénto*

Il mio stage dura un anno/tre mesi — **Mis prácticas van a durar un año/tres meses** *mis práktikas ban a durár un ágno/tres méses*

Ho vinto una borsa di studio — **He ganado una beca** *he ganádo úna béka*

Sai dirmi se ci sono corsi di spagnolo per stranieri? — **Sabes si hay cursos de español para extranjeros?** *sábes si ái kúrsos de espagnól pára ekstranχéros*

In che aula si tiene la lezione di economia? — **¿En qué aula es la clase de economía?** *en ké áula es la kláse de ekonomía*

| | | |
|---|---|---|
| Quanto costa la mensa? | **¿Cuánto cuesta el comedor?** *kuánto kuésta el komedór* | |
| A che ora riceve il professore di matematica? | **¿A qué hora es la reunión con el profe de matemáticas?** *a ke óra es la reunión kon el prófe de matemátikas* | |
| Cerco un posto letto in affitto per sei mesi/ un anno | **Busco una cama/un cuarto compartido por seis meses/ un año** *búsko una káma/un kuárto kompartído por séis méses/un ágno* | |
| Come si accede alla residenza universitaria? | **¿Cómo se accede a la residencia universitaria?** *kómo se akθéde a la residénθia unibersitária* | |
| Ho letto il vostro annuncio in bacheca | **He leído vuestro anuncio en el tablero** *e leído buéstro anúnθio en el tabléro* | |

**Buscamos estudianta para compartir piso de dos habitaciones cerca de la escuela**
*buskámos estudiánta para kompartír píso de dos abitaθiónes θérka de la eskuéla*
Cerchiamo studentessa per condivisione bilocale adiacente alla scuola

## Cercare lavoro

| | | |
|---|---|---|
| apprendista | **aprendiz** | *aprendíθ* |
| assunzione | **contratación** | *kontrataθión* |
| autista | **conductor/chofer/ chofér** | *konduktór/ciofér/ ciofér* |
| badante | **cuidador/a** | *kuidadór/a* |
| cameriere/a | **camarero/a** | *kamaréro/a* |
| collaboratrice domestica | **empleada de hogar/ trabajadora doméstica** | *empleáda de ogár/ trabaχadóra doméstika* |
| colloquio | **entrevista** | *entrebísta* |
| commesso/a | **dependiente/a** | *dependiénte/a* |
| contabile | **contable/contador** | *kontáble/kontadór* |
| contratto | **contrato** | *kontráto* |
| cuoco | **cocinero** | *koθinéro* |
| curriculum | **hoja de vida/ curriculum vitae** | *óχa de bída/ kurríkulum bitáe* |

| | | |
|---|---|---|
| diploma | **diploma/graduación/ título** | *diplóma/graduaθión/ título* |
| donna delle pulizie | **mujer de la limpieza** | *muχér de la limpiéθa* |
| durata | **duración** | *duraθión* |
| esperienza | **experiencia** | *eksperiénθia* |
| impiegato | **empleado** | *empleádo* |
| impiego | **empleo** | *empléo* |
| infermiera/e | **enfermera/o** | *enferméra/enferméro* |
| laurea | **graduación/título/ licenciatura** | *graduaθión/título/ liθenθiatúra* |
| lavapiatti | **lavaplátos** | *labaplátos* |
| lavoro | **trabajo** | *trabáχo* |
| meccanico | **mecánico** | *mekániko* |
| muratore | **albañil** | *albagníl* |
| operaio | **obrero** | *obréro* |
| part-time | **a tiempo parcial/ media jornada** | *a tiémpo parθiál/ média χornáda* |
| segretaria/o | **secretaria/o** | *sekretária/sekretário* |
| stipendio | **sueldo** | *suéldo* |
| telelavoro | **teletrabajo/trabajo a distancia** | *teletrabáχo/trabáχo a distánθia* |
| tempo pieno | **tiempo completo/ jornada completa** | *tiémpo kompléto/ χornáda kompléta* |
| turni | **turnos** | *túrnos* |

Mi sono appena trasferito a Madrid e sto cercando un impiego
**Acabo de mudarme en Madrid y busco trabajo**
*akábo de mudárme en madrí(d) i búsko trabáχo*

Posso lasciarle il mio curriculum?
**¿Puedo dejarle mi curriculum?**
*puédo deχárle mi kurríkulum*

**Lo remitiremos a la oficina de personal/ de recursos humanos y le informaremos**
*lo remitirémos a la ofiθína de personál/de rekúrsos umános i le informarémos*
Lo inoltreremo all'ufficio del personale e le faremo sapere

**¿Qué tipo de estudios ha realizado?**
*ke típo de estúdios a realiθádo*
Che tipo di studi ha fatto?

Ho un diploma da ragioniere — **Tengo título de contador**
*téngo título de kontadór*

**Preséntese a entrevista mañana por la mañana**
*preséntese a entrebísta magnána por la magnána* — Venga a fare un colloquio domani mattina

Cerco lavoro come cameriere/commessa/ragazza au pair — **Busco trabajo de camarero/dependienta/chica au pair**
*búsko trabáχo de kamaréro/dependiénta/cíka áu páir*

Ho letto il vostro annuncio per un posto di fattorino — **He leído vuestro anuncio para un puesto de botones/recadero**
*e leído buéstro anúnθio para un puésto de botónes/rekadéro*

**¿Tiene experiencia?** • *tiéne eksperiénθia* — Ha esperienza?

Sono molto brava con i bambini — **Soy muy buena con los niños**
*sói mui buéna kon los nígnos*

Parlo un po' di spagnolo/Sono madrelingua italiana — **Hablo un poco de español/Soy hablante nativa de italiano**
*áblo un póko de espagnól/sói ablánte natíba de italiáno*

Sono programmatore informatico/infermiera diplomata — **Soy programador informático/enfermera diplomada/titulada**
*sói programadór informátiko/enferméra diplomáda/tituláda*

Ho esperienza nel settore della ristorazione/della moda — **Tengo experiencia en el sector de la restauración/de la moda**
*téngo eksperiénθia en el sektór de la restauraθión/de la móda*

Qual è la retribuzione lorda/netta al mese? — **¿Cuál es la retribución bruta/neta mensual?**
*kuál es la retribuθión brúta/néta mensuál*

Qual è la sede/l'orario di lavoro? — **¿Cuál es el lugar/el horario de trabajo?**
*kuál es el lugár/el orário de trabáχo*

Sono disponibile per qualsiasi orario/turno — **Estoy disponible para cualquier horario/turno**
*estói disponíble para kualkiér orário/túrno*

| | | |
|---|---|---|
| Che tipo di contratto fate? | **¿Qué tipo de contrato ofrecen ustedes?** *ke típo de kontráto ofréθen ustédes* | |
| Che durata ha il contratto? | **¿Qué duración tiene el contrato?** *ke duraθión tiéne el kontráto* | |

## Annunci

| | | |
|---|---|---|
| **a jornada parcial/ media jornada** | *a χornáda parθiál/ média χornáda* | part-time |
| **a tiempo completo/ jornada completa** | *a tiémpo kompléto/ χornáda kompléta* | full-time |
| **a tiempo parcial/ medio tiempo** | *a tiémpo parθiál/ médio tiémpo* | part-time |
| **con buenas referencias** | *kon buénas referénθias* | referenziato |
| **con coche propio** | *kon kóce própio* | automunito |
| **con licencia** | *kon liθénθia* | patentato |
| **cualificado/calificado** | *kualifikádo/kalifikádo* | qualificato |
| **de ambos sexos** | *de ámbos séksos* | ambosessi |
| **dinámico** | *dinámiko* | dinamico |
| **disponibilidad inmediata** | *disponibilidá(d) inmediáta* | disponibilità immediata |
| **experiencia previa** | *eksperiénθia prébia* | esperienza pregressa |
| **motivado** | *motibádo* | motivato |
| **niñera/canguro** | *nignéra/kangúro* | baby-sitter |
| **se necesita/se busca** | *se neθesíta/se búska* | cercasi |
| **se necesitan/se buscan** | *se neθesítan/se búskan* | cercasi |

| | |
|---|---|
| **Buscamos camarero/cocinero para restaurante nuevo. Enviar HDV/CV con foto a …** *buskámos kamaréro/koθinéro pára restauránte nuébo enbiár áce de úbe/θe úbe kon fóto a* | Cerchiamo cameriere/ cuoco per nuovo ristorante. Inviare CV con foto a … |
| **Pareja con niño busca empleada del hogar seria con experiencia. Llamar al número ...** *paréχa kon nígno búska empleáda del ogár séria kon eksperiénθia gliamár al número* | Coppia con bambino cerca collaboratrice domestica seria con esperienza. Telefonare al numero … |

**La empresa … busca un recurso para integrar el equipo/departamento de Ventas. El candidato ideal, de edad comprendida entre los 24 y los 36 años, graduado en Economía/ Ciencias de la Comunicación, debe tener al menos 1/2 años de experiencia en el sector turístico**
*la empresa … búska un rekúrso para integrár el ekípo/departaménto de béntas el kandidáto ideál de edá(d) komprendída éntre los beintikuátro i los tréinta i séis ágnos graduádo en ekonomía/θiénθias de la komunikaθión debe tenér al ménos úno/dos ágnos de eksperiénθia en el sektór turístico*

La società … ricerca una risorsa da inserire all'interno dell'Ufficio Vendite. Il candidato ideale, di età compresa tra i 24 e 36 anni, in possesso di Laurea in Economia/Scienze della Comunicazione, deve aver maturato un'esperienza nel settore del turismo di almeno 1/2 anni

Sono una ragazza di madrelingua italiana, cerco lavoro come baby-sitter. Ottimo rapporto con i bambini, esperienza pregressa, massima serietà. I miei contatti sono …

**Soy una chica italiana nativa/de lengua materna italiana. Busco trabajo como niñera. Muy buena relación con los niños, experiencia previa, máxima seriedad. Mis datos de contácto son...**
*sói úna cíka italiána natíba/de léngua matérna italiána búsko trabáχo kómo nignéra múi buéna relaθión kon los nígnos eksperiénθia prébia máksima seriedá(d) mis dátos de kontákto son*

Buongiorno, cerco lavoro come impiegato di ufficio, con esperienza in contabilità generale. Contattatemi via mail all'indirizzo …

**Buenos días, busco trabajo como empleado de oficina, tengo experiencia en contabilidad general. Por favor, contáctenme por correo electrónico ...**
*buénos días búsko trabáχo kómo empleádo de ofiθína téngo eksperiénθia en kontabilidá(d) χenerál por favór kontáktenme por korréo elektróniko*

Cerco lavoro come badante. Ho esperienza nel campo, parlo bene lo spagnolo, so cucinare, patente B, molto paziente e volenterosa. Referenziata. Astenersi perditempo

**Busco trabajo como cuidadora. Tengo experiencia en el campo, hablo bien español, sé cocinar, permiso de conducir B, muy paciente y dispuesta. Con buenas referencias. Abstenerse derrochadores**
*búsko trabáχo kómo kuidadóra téngo eksperiénθia en el kámpo áblo bién espagnól se koθinár permíso de konduθír B múi paθiénte i dispuésta kon buénas referénθias abstenérse derrociadóres*

# Terminologia degli affari

| | | |
|---|---|---|
| acconto | **anticipo** | *antiθípo* |
| lasciare un acconto | **dejar un adelanto** | *deχár un adelánto* |
| accordo | **acuerdo** | *akuérdo* |
| acquistare | **comprar** | *komprár* |
| affare | **negocio** | *negóθio* |
| agente | **agente** | *aχénte* |
| agenzia | **sucursal/filial** | *sukursál/filiál* |
| amministrazione | **administración** | *administraθión* |
| assortimento | **surtido** | *surtído* |
| asta | **subasta** | *subásta* |
| attivo | **activo** | *aktíbo* |
| aumento | **subida** | *subída* |
| azienda | **firma** | *fírma* |
| azione | **acción** | *akθión* |
| azionista | **accionista** | *akθionísta* |
| bilancio | **balance** | *balánθe* |
| bolla di accompagnamento | **carta de porte** | *kárta de pórte* |
| Borsa | **Bolsa** | *bólsa* |
| brevetto | **patente** | *paténte* |
| Camera di commercio | **cámara de comercio** | *kámara de komérθio* |
| campionario | **muestrario** | *muestrário* |
| caparra | **señal** | *segnál* |
| catalogo | **catálogo** | *katálogo* |
| cliente | **cliente** | *kliénte* |
| commerciale | **comercial** | *komerθiál* |
| commerciante | **comerciante** | *komerθiánte* |
| commercio | **comercio** | *komérθio* |
| all'ingrosso | **al por mayor** | *al por magiór* |
| al minuto | **al detalle** | *al detáglie* |
| estero | **extranjero** | *ekstranχéro* |
| commissione | **comisión** | *komisión* |
| compravendita | **compraventa** | *komprabénta* |
| concorrenza | **competencia** | *kompeténθia* |
| consegna | **entrega** | *entréga* |
| contabilità | **contabilidad** | *kontabilidá(d)* |
| contratto | **cuenta** | *kuénta* |

| | | |
|---|---|---|
| costo | **contrato** | *kontráto* |
| dettagliante | **minorista** | *minorísta* |
| direttore | **director** | *direktór* |
| direzione | **dirección** | *direkθión* |
| ditta | **firma** | *fírma* |
| domanda | **demanda** | *demánda* |
| domanda e offerta | **demanda y oferta** | *demánda i oférta* |
| economia | **economía** | *ekonomía* |
| esaurito | **agotado** | *agotádo* |
| esportazione | **exportación** | *eksportaθión* |
| fabbrica | **fábrica** | *fábrika* |
| fallimento | **quiebra** | *kiébra* |
| fallire | **quebrar** | *kebrár* |
| fattura | **factura** | *faktúra* |
| filiale | **filial** | *filiál* |
| fornitore | **abastecedor** | *abasteθedór* |
| fotocopia | **fotocopia** | *fotokópia* |
| garanzia | **garantía** | *garantía* |
| grossista | **mayorista** | *magiorísta* |
| guadagno | **ganancia** | *ganánθia* |
| imballaggio | **embalaje** | *embaláχe* |
| importazione | **importación** | *importaθión* |
| imposta/tassa | **impuesto** | *impuésto* |
| soggetto a imposta | **sujeto a impuestos** | *suχéto a impuéstos* |
| impresa | **empresa** | *emprésa* |
| industria | **industria** | *indústria* |
| investimento | **inversión** | *inbersión* |
| lavoro | **trabajo** | *trabáχo* |
| posto di lavoro | **puesto de trabajo** | *puésto de trabáχo* |
| licenza | **licencia** | *liθénθia* |
| licenziamento | **despido** | *despído* |
| listino prezzi | **lista de precios** | *lísta de préθios* |
| magazzino | **almacén** | *almaθén* |
| manodopera | **mano de obra** | *máno de óbra* |
| marchio | **marca** | *márka* |
| mediatore | **corredor** | *korredór* |
| mercato | **mercado** | *merkádo* |
| merce | **mercancía** | *merkanθía* |

| | | |
|---|---|---|
| occasione | **ocasión** | *okasión* |
| offerta | **oferta** | *oférta* |
| ONLUS | **OSAL (Organización sin Ánimo de Lucro)/ OSFL (Organización Sin Fines de Lucro)** | *organiθaθión sin ánimo de lúkro/ organiθaθión sin fínes de lúkro* |
| ordinazione/ordine | **pedido** | *pedído* |
| ordine di pagamento | **orden de pago** | *órden de págo* |
| pagamento | **pago** | *págo* |
| pagare | **pagar** | *pagár* |
| anticipatamente | **con antelación** | *kon antelaθión* |
| a rate | **a plazos/a cuotas** | *a pláθos/a kuótas* |
| in contanti | **al contado** | *al kontádo* |
| passivo | **pasivo** | *pasíbo* |
| percento | **porcentaje/tanto por ciento** | *porθentáχe/tánto por θiénto* |
| percentuale | **porcentaje** | *porθentáχe* |
| perdita | **pérdida** | *pérdida* |
| peso | **peso** | *péso* |
| netto | **neto** | *néto* |
| lordo | **bruto** | *brúto* |
| presentazione | **presentación** | *presentaθión* |
| prezzo | **precio** | *préθio* |
| fisso | **fijo** | *fíχo* |
| scontato | **descontado/reducido** | *deskontádo/reduθído* |
| prodotto | **producto** | *prodúkto* |
| produrre | **producir** | *produθír* |
| produttore | **productor** | *produktór* |
| profitto | **provecho** | *probécio* |
| proprietario | **propietario** | *propietário* |
| provvigione | **comisión** | *komisión* |
| pubblicità | **publicidad** | *publiθidá(d)* |
| rappresentante | **representante** | *representánte* |
| ricavo | **ganancia/ingreso** | *ganánθia/ingréso* |
| richiesta | **solicitud** | *soliθitú(d)* |
| rimanenza | **existencias/stock** | *eksisténθias/stok* |
| rimborso | **reembolso** | *reembólso* |
| risarcimento | **indemnización** | *indemniθaθión* |
| scadenza | **vencimiento** | *benθimiénto* |

| | | |
|---|---|---|
| sconto | **descuento** | *deskuénto* |
| scorta | **provisión** | *probisión* |
| società | **sociedad** | *soθiedá(d)* |
| a responsabilità limitata | **a responsabilidad limitada** | *a responsabilidá(d) limitáda* |
| per azioni | **anónima/por acciones** | *anónima/por akθiónes* |
| socio | **socio** | *sóθio* |
| spedire | **enviar** | *embiár* |
| spedizione | **envío** | *embío* |
| stipendio | **sueldo** | *suéldo* |
| svendita | **liquidación** | *likidaθión* |
| trasporto | **transporte** | *transpórte* |
| trattative | **negociaciones** | *negoθiaθiónes* |
| utili | **lucro** | *lúkro* |
| valore | **valor** | *balór* |
| vendere | **vender** | *bendér* |
| vendita | **venta** | *bénta* |
| venditore | **vendedor** | *bendedór* |

| | |
|---|---|
| Ecco il mio biglietto da visita | **Aquí tiene mi tarjeta de visita**<br>*akí tiéne mi tarχéta de bisíta* |
| Sono il rappresentante di una ditta italiana | **Soy el representante de una firma italiana**<br>*sói el representánte de úna fírma italiána* |
| Vorrei fissare un appuntamento con il vostro direttore commerciale | **Quisiera concertar una cita/entrevista con su director comercial**<br>*kisiéra konθertár úna θíta/entrebísta kon su direktór komerθiál* |
| È la nostra migliore offerta | **Es nuestra mejor oferta**<br>*es nuéstra meχór oférta* |
| Ho bisogno di un interprete | **Necesito un intérprete**<br>*neθesíto un intérprete* |
| Mi può mostrare i prodotti della sua ditta? | **¿Puede enseñarme los productos de su firma?**<br>*puéde ensegnárme los prodúktos de su fírma* |
| Mi può preparare un preventivo? | **¿Puede hacerme un presupuesto?**<br>*puéde aθérme un presupuésto* |

| | | |
|---|---|---|
| Quali sono i termini di consegna/di pagamento? | **¿Cuáles son los plazos de entrega/pago?**<br>*kuáles son los pláθos de entréga/págo* | |
| | **A la entrega**<br>*a la entréga* | Pagamento alla consegna |
| | **A sesenta días fecha factura**<br>*a senénta días fécia faktúra* | A 60 giorni dall'emissione della fattura |

# 9 • PRATICHE, UFFICI E SERVIZI

## Documenti

| Dati personali | | |
|---|---|---|
| **Nombre** | *nómbre* | Nome |
| **Primer apellido** | *primér apeglído* | Primo cognome |
| **Segundo apellido** | *segúndo apeglído* | Secondo cognome |
| de soltera | *de soltéra* | da nubile |
| **Fecha de nacimiento** | *fécia de naθimiénto* | Data di nascita |
| **Lugar de nacimiento** | *lugár de naθimiénto* | Luogo di nascita |
| **Nacionalidad** | *naθionalidá(d)* | Nazionalità |
| **Residencia** | *residénθia* | Residenza |
| **Domicilio** | *domiθílio* | Domicilio |
| **Sexo** | *sékso* | Sesso |
| masculino | *maskulíno* | maschile |
| femenino | *femeníno* | femminile |
| **Estado civil** | *estádo θibíl* | Stato civile |
| casado/casada | *kasádo/kasáda* | coniugato/a |
| divorciado/ divorciada | *diborθiádo/ diborθiáda* | divorziato/a |
| soltero/soltera | *soltéro/soltéra* | celibe/nubile |
| viudo/viuda | *biúdo/biúda* | vedovo/a |
| **Número de pasaporte** | *número de pasapórte* | Numero di passaporto |
| **Profesión** | *profesión* | Professione |
| **Título de estudio** | *título de estúdio* | Titolo di studio |
| **Datos personales** | *dátos personáles* | Dati personali |
| **Señor** | *segnór* | Signor |
| **Señora** | *segnóra* | Signora |
| **Señorita** | *segnoríta* | Signorina |
| **Motivo del viaje** | *motíbo del biáχe* | Motivo del viaggio |
| **Dirección en España** | *direkθión en espágna* | Indirizzo in Spagna |
| **País** | *país* | Stato |

| | | |
|---|---|---|
| **Nación** | *naθión* | Nazione |
| **Ciudadano UE** | *θiudadáno ue* | Cittadino dell'UE |
| **Número de teléfono** | *número de teléfono* | Numero di telefono |

## Documenti personali

| | | |
|---|---|---|
| carta d'identità | **carné de identidad** | *karné de identidá(d)* |
| certificato | **certificado** | *θertifikádo* |
| di matrimonio | **de matrimonio** | *de matrimónio* |
| documenti | **documentos** | *dokuméntos* |
| passaporto | **pasaporte** | *pasapórte* |
| patente | **permiso/carné de conducir** | *permíso/karné de konduθír* |
| permesso | **permiso** | *permíso* |
| di lavoro | **de trabajo** | *de trabáχo* |
| di soggiorno | **de estancia** | *de estánθia* |
| vaccinazione | **vacuna** | *bakúna* |
| visto | **visado** | *bisádo* |
| rilasciato | **extendido/expedido** | *ekstendído/ekspedído* |
| rinnovare | **renovar** | *renobár* |
| scadenza | **caducidad** | *kaduθidá(d)* |
| scaduto | **caducado** | *kadukádo* |
| valido | **válido** | *bálido* |

## Moduli e pratiche

| | | |
|---|---|---|
| autenticare | **autenticar** | *autentikár* |
| compilare | **rellenar** | *reglienár* |
| consegnare | **entregar** | *entregár* |
| copia | **copia** | *kópia* |
| in duplice copia | **por duplicado** | *por duplikádo* |
| dati personali | **datos personales** | *dátos personáles* |
| domanda | **petición/solicitud** | *petiθión/soliθitú(d)* |
| firma | **firma** | *fírma* |
| firmare | **firmar** | *firmár* |
| modulo/questionario | **impreso/formulario** | *impréso/formulário* |
| pratica | **expediente** | *ekspediénte* |
| richiesta | **solicitud** | *soliθitú(d)* |

| | | |
|---|---|---|
| il sottoscritto | **el infrascrito** | *el infraskríto* |
| sportello | **ventanilla** | *bentaníglia* |
| versamento | **imposición** | *imposiθión* |

Vorrei fare la licenza di caccia e pesca — **Quisiera sacarme la licencia de caza y pesca** *kisiéra sakárme la liθénθia de káθa i péska*

Devo autenticare la firma/la copia di questo documento — **Tengo que autenticar la firma/la copia de este documento** • *téngo ke autentikár la fírma/la kópia de éste dokuménto*

A che sportello/ufficio devo rivolgermi? — **¿A qué ventanilla/oficina tengo que dirigirme?** *a ke bentaníglia/ofiθína téngo ke diriχírme*

Quanto tempo ci vorrà? — **¿Cuánto tiempo se necesita?** *kuánto tiémpo se neθesíta*

È gratuito?/Quanto devo pagare? — **¿Es gratuito?/¿Cuánto hay que pagar?** *es gratuíto/kuánto ái ke pagár*

Che documenti devo presentare? — **¿Qué documentos tengo que presentar?** *ke dokuméntos téngo ke presentár*

Si può fare per telefono? — **¿Se puede hacer por teléfono?** *se puéde aθér por teléfono*

**Rellene este formulario/impreso** *regliéne éste formulário/impréso* — Riempia questo questionario/modulo

Può aiutarmi? — **¿Puede ayudarme?** • *puéde agiudárme*

**Escribir con letras de imprenta** *eskribír kon létra de imprénta* — Scrivere in stampatello

**Sirven dos fotos** • *sírben dos fótos* — Servono due foto

**Firme aquí** • *fírme akí* — Firmi qui

## Dogana

| | | |
|---|---|---|
| assicurazione auto | **seguro del coche** | *segúro del kóce* |
| bagaglio | **equipaje** | *ekipáχe* |
| carta verde | **carta verde** | *kárta bérde* |
| contrabbando | **contrabando** | *kontrabándo* |
| controllare | **controlar** | *kontrolár* |
| controllo doganale | **control de aduana** | *kontról de aduána* |

| | | |
|---|---|---|
| dichiarazione | **declaración** | *deklaraθión* |
| dogana | **aduana** | *aduána* |
| esente da dogana | **sin control aduanero** | *sin kontról aduanéro* |
| soggetto a dogana | **con control aduanero** | *kon kontról aduanéro* |
| doganiere | **agente de aduana** | *aχénte de aduána* |
| effetti personali | **efectos personales** | *eféktos personáles* |
| frontiera/confine | **frontera** | *frontéra* |
| permesso | **permiso** | *permíso* |
| d'esportazione | **de exportación** | *de eksportaθión* |
| d'importazione | **de importación** | *de importaθión* |
| ricevuta | **recibo** | *reθíbo* |
| tariffa doganale | **tarifa de aduana** | *tarífa de aduána* |
| valico | **puerto/paso** | *puérto/páso* |
| valuta estera | **divisa extranjera** | *dibísa ekstranχéra* |

**Sus pasaportes, por favor**
*sus pasapórtes por fabór*
Passaporti, prego

**Los documentos del coche, por favor**
*los dokuméntos del kóce por fabór*
I documenti della macchina, per favore

**Enséñeme su carta verde**
*enségneme su kárta bérde*
Mi faccia vedere la carta verde

**¿Tiene usted visado?**
*tiéne usté(d) bisádo*
Ha un visto?

**¿Tiene usted algo que declarar?**
*tiéne usté(d) álgo ke deklarár*
Ha qualcosa da dichiarare?

Non ho niente da dichiarare
**No tengo nada que declarar**
*no téngo náda ke deklarár*

Solo effetti personali
**Sólo efectos personales**
*sólo eféktos personáles*

**¿Cuál es el motivo de su viaje a España?**
*kuál es el motíbo de su biáχe a espágna*
Qual è la ragione del suo viaggio in Spagna?

Sono qui per turismo/lavoro/studio
**He venido por turismo/trabajo/estudio**
*e benído por turísmo/trabáχo/estúdio*

**¿Cuánto tiempo se quedará usted?**
*kuánto tiémpo se kedará usté(d)*
Quanto si tratterrà?

| | |
|---|---|
| **¿Dónde vivirá/se alojará?**<br>*dónde bibirá/se aloχará* | Dove abiterà? |
| **¿Cuál es su equipaje?**<br>*kuál es su ekipáχe* | Qual è il suo bagaglio? |
| **Abra el maletero, por favor**<br>*ábra el maletéro por fabór* | Apra il baule, per favore |
| **Está prohibido exportar este artículo sin permiso**<br>*está proibído eksportár éste artíkulo sin permíso* | Non si può esportare questo articolo senza permesso |
| **Tiene que pagar un arancel/Estos artículos no tienen arancel**<br>*tiéne ke pagár un aranθél/éstos artíkulos no tiénen aranθél* | Deve pagare la dogana/ Questi articoli sono esenti da dogana |



## Questura, ambasciata, consolato

| | | |
|---|---|---|
| ambasciata | **embajada** | *embaχáda* |
| arrestare | **arrestar** | *arrestár* |
| avvocato | **abogado** | *abogádo* |
| codice | **código** | *kódigo* |
| civile | **civil** | *θibíl* |
| penale | **penal** | *penál* |
| commissariato | **comisaría** | *komisaría* |
| consolato | **consulado** | *konsuládo* |
| data | **fecha** | *fécia* |
| denuncia | **denuncia** | *denúnθia* |
| denunciare | **denunciar** | *denunθiár* |
| derubare | **robar** | *robár* |
| furto | **robo** | *róbo* |
| con scasso | **con fractura** | *kon fraktúra* |
| ignoto | **anónimo** | *anónimo* |
| indagine | **investigación** | *inbestigaθión* |
| interprete | **intérprete** | *intérprete* |
| ladro | **ladrón** | *ladrón* |
| polizia | **policía (la)** | *poliθía (la)* |
| poliziotto | **policía (el)** | *poliθía (el)* |

| | | |
|---|---|---|
| prigione | **cárcel** | *kárθel* |
| questionario | **cuestionario/ formulario** | *kuestionário/ formulário* |
| questura | **jefatura de policía** | *χefatúra de poliθía* |
| rapina | **atraco** | *atráko* |
| rapinatore | **atracador** | *atrakadór* |
| registrazione | **registro** | *reχístro* |
| testimone | **testigo** | *testígo* |
| testimoniare | **atestiguar** | *atestiguár* |
| timbro | **timbre/sello** | *tímbre/séglio* |
| transito | **tránsito** | *tránsito* |
| tribunale | **tribunal** | *tribunál* |
| verbale | **acta** | *ákta* |

| | |
|---|---|
| Vorrei chiedere un visto | **Quisiera pedir un visado**<br>*kisiéra pedír un bisádo* |
| Quali documenti occorrono per rinnovare il permesso di soggiorno? | **¿Qué documentos se necesitan para renovar el permiso de residencia?**<br>*ke dokuméntos se neθesítan pára renobár el permíso de residénθia* |
| Il mio visto di soggiorno/permesso di lavoro è scaduto, vorrei rinnovarlo | **Mi visado de estancia/de trabajo ha caducado y quisiera renovarlo**<br>*mi bisádo de estánθia/de trabáχo a kadukádo i kisiéra renobárlo* |
| Vorrei fare una denuncia | **Quisiera hacer una denuncia**<br>*kisiéra aθér úna denúnθia* |
| Mi hanno rubato il portafoglio/l'auto | **Me han robado la cartera/el coche**<br>*me an robádo la kartéra/el kóce* |
| Ho perso la borsa/ il documento d'identità | **He perdido mi bolso/mi carné de identidad**<br>*e perdído mi bólso/mi karné de identidá(d)* |
| Mio figlio è scomparso | **Mi hijo ha desaparecido**<br>*mi íχo a desapareθído* |
| Sono stata aggredita/ violentata | **Me han agredido/violado**<br>*me an agredído/bioládo* |

| | |
|---|---|
| **Su nombre y dirección, por favor**<br>*su nómbre i direkθión por fabór* | Il suo nome e indirizzo, prego |
| **¿Dónde y cuándo ha ocurrido?**<br>*dónde i kuándo a okurrído* | Dove e quando è successo? |
| **¿Tiene testigos?**<br>*tiéne testígos* | Ha dei testimoni? |
| **¿Sería capaz de reconocer al ladrón/agresor?**<br>*sería kapáθ de rekonoθér al ladrón/agresór* | Saprebbe riconoscere il ladro/l'aggressore? |
| **¿Qué había en el bolso/la maleta?**<br>*ke abía en el bólso/la maléta* | Che cosa conteneva la borsa/la valigia? |
| **¿Dónde estaba aparcado el coche?**<br>*dónde estába aparkádo el kóce* | Dov'era parcheggiata l'auto? |

Di che cosa sono accusato? — **¿De qué me acusan?** *de ke me akúsan*

| | |
|---|---|
| **Está acusado de posesión/venta de droga/ de robo**<br>*está akusádo de posesión/bénta de dróga/de róbo* | Lei è accusato di possesso/spaccio di droga/di furto |

Non sono stato io — **No he sido yo** • *no e sído gió*

Sono innocente — **Soy inocente** • *sói inoθénte*

Chiami un interprete, per favore — **Llame a un intérprete, por favor** *gliáme a un intérprete por fabór*

Per favore, avverta il Consolato italiano — **Por favor, avise al consulado italiano** *por fabór abíse al konsuládo italiáno*

Posso fare una telefonata al mio avvocato? — **¿Puedo llamar a mi abogado?** *puédo gliamár a mi abogádo*

Posso avere un avvocato che parla italiano? — **¿Hay un abogado que hable italiano?** *ái un abogádo ke áble italiáno*

## Posta

| | | |
|---|---|---|
| affrancare | **franquear** | *frankeár* |
| affrancatura | **franqueo** | *frankéo* |
| buca delle lettere | **buzón** | *buθón* |

| | | |
|---|---|---|
| busta | **sobre** | *sóbre* |
| carta da lettera | **papel de cartas** | *papél de kártas* |
| cartolina | **cartolina** | *postál* |
| illustrata | **illustrata** | *ilustráda* |
| casella postale | **casella postale** | *apartádo de korréo* |
| cassetta delle lettere | **cassetta delle lettere** | *buθón* |
| codice postale | **código postal** | *kódigo postál* |
| contenuto | **contenido** | *kontenído* |
| corrispondenza | **correspondencia** | *korrespondénθia* |
| destinatario | **destinatario** | *destinatário* |
| destinazione | **destinación** | *destinaθión* |
| dichiarazione del valore | **declaración del valor** | *deklaraθión del balór* |
| fermo posta | **lista de correos** | *lísta de korréos* |
| fragile | **frágil** | *fráχil* |
| francobollo | **sello** | *séglio* |
| indirizzo | **dirección/señas** | *direkθión/ségnas* |
| lettera | **carta** | *kárta* |
| marca da bollo | **timbre móvil/ sello fiscal** | *tímbre móbil/ séglio fiskál* |
| mittente | **remitente** | *remiténte* |
| pacco | **paquete postal** | *pakéte postál* |
| peso | **peso** | *péso* |
| posta | **correo** | *korréo* |
| prioritaria | **urgente** | *urχénte* |
| assicurata | **certificado** | *θertifikádo* |
| raccomandata | **certificada** | *θertifikáda* |
| postino | **cartero** | *kartéro* |
| recapito | **dirección** | *direkθión* |
| ricevuta | **recibo** | *reθíbo* |
| di ritorno | **acuse de recibo** | *akúse de reθíbo* |
| spedire | **enviar** | *embiár* |
| stampe | **impresos** | *imprésos* |
| tariffa | **tarifa** | *tarífa* |
| telegramma | **telegrama** | *telegráma* |
| timbro | **timbre/sello** | *tímbre/séglio* |
| ufficio postale | **oficina de correos** | *ofiθína de korréos* |
| urgente | **urgente** | *urχénte* |
| vaglia postale | **giro postal** | *χíro postál* |
| valore | **valor** | *balór* |

| | | |
|---|---|---|
| Dove trovo un ufficio postale/una cassetta per le lettere? | **¿Dónde puedo encontrar una oficina de correos/un buzón?**<br>*dónde puédo enkontrár úna ofiθína de korréos/un buθón* | |
| Dove si comprano i francobolli? | **¿Dónde se compran los sellos?**<br>*dónde se kómpran los séglios* | |
| Mi dia un francobollo per l'Italia | **Un sello para Italia**<br>*un séglio pára itália* | |
| Vorrei spedire questo espresso/questa raccomandata | **Quisiera enviar esta carta urgente/certificada**<br>*kisiéra enbiár ésta kárta urχénte/θertifikáda* | |
| Quando arriva a destinazione? | **¿Cuándo llegará a su destino?**<br>*kuándo gliegará a su destíno* | |
| Quanto costa spedire questo pacchetto a Roma? | **¿Cuánto cuesta enviar este paquete a Roma?**<br>*kuánto kuésta embiár éste pakéte a róma* | |
| Qual è lo sportello del fermo posta? Vorrei sapere se c'è posta per me | **¿Cuál es la ventanilla de la lista de correos? Quisiera saber si hay correo para mí**<br>*kuál es la bentaníglia de la lísta de korréos kisiéra sabér si ái korréo pára mi* | |
| Quanto costa a parola un telegramma? | **¿Cuánto cuesta por palabra un telegrama?**<br>*kuánto kuésta por palábra un telegráma* | |
| Vorrei incassare/spedire un vaglia internazionale | **Quisiera cobrar/enviar un giro internacional**<br>*kisiéra kobrár/embiár un χíro internaθionál* | |

## Compilare moduli postali

| | | |
|---|---|---|
| **Importe en cifras** | *impórte en θífras* | Importo in cifre |
| **Importe en letras** | *impórte en létras* | Importo in lettere |
| **Apellido y nombre** | *apeglído i nómbre* | Cognome e nome |
| **Espacio a rellenar por correos** | *espáθio a reglienár por korréos* | Spazio riservato all'ufficio postale |
| **Rellenar con los datos del destinatario** | *reglienár kon los dátos del destinatário* | Completare con i dati del destinatario |
| **Escriba nombre y dirección del remitente** | *eskríba nómbre i direkθión del remiténte* | Scriva nome e indirizzo del mittente |

# Banca

Le banche in genere sono aperte da lunedì a venerdì dalle 8.30 alle 14, e nelle grandi città, durante il periodo invernale, spesso anche il sabato dalle 8.30 alle 13.

| | | |
|---|---|---|
| addebitare | **adeudar** | *adeudár* |
| agenzia | **sucursal** | *sukursál* |
| assegno | **cheque** | *céke* |
| circolare | **circular** | *θirkulár* |
| non trasferibile | **nominativo** | *nominatíbo* |
| girare un assegno | **endosar** | *endosár* |
| libretto di assegni | **talonario** | *talonário* |
| banca | **banco** | *bánko* |
| bancomat | **cajero automático** | *kaχéro automátiko* |
| tessera | **tarjeta** | *tarχéta* |
| banconota | **billete (de banco)** | *bigliéte (de bánko)* |
| cambiare | **cambiar** | *kambiár* |
| cambio | **cambio** | *kámbio* |
| capitale | **capital** | *kapitál* |
| carta di credito | **tarjeta de crédito** | *tarχéta de krédito* |
| cassa | **caja** | *káχa* |
| cassa di risparmio | **caja de ahorros** | *káχa de aórros* |
| cassaforte | **caja fuerte** | *káχa fuérte* |
| cassetta di sicurezza | **caja de seguridad** | *káχa de seguridá(d)* |
| cassiere | **cajero** | *kaχéro* |
| codice segreto/PIN | **clave secreta/PIN** | *klábe sekréta/pin* |
| commissione | **comisión** | *komisión* |
| contanti | **efectivo** | *efektíbo* |
| in contanti | **en efectivo/al contado** | *en efektíbo/al kontádo* |
| conto | **cuenta** | *kuénta* |
| corrente | **cuenta corriente** | *kuénta korriénte* |
| credito | **crédito** | *krédito* |
| lettera di credito | **carta de crédito** | *kárta de krédito* |
| creditore | **acreedor** | *akreedór* |
| debito | **deuda** | *déuda* |
| debitore | **deudor** | *deudór* |
| denaro | **dinero** | *dinéro* |
| deposito | **depósito** | *depósito* |

| | | |
|---|---|---|
| dollaro | **dólar** | *dólar* |
| euro | **euro** | *éuro* |
| franco svizzero | **franco suizo** | *fránko suíθo* |
| fuori corso | **fuera de circulación** | *fuéra de θirkulaθión* |
| incassare | **cobrar** | *kobrár* |
| inflazione | **inflación** | *inflaθión* |
| interesse | **interés** | *interés* |
| tasso d'interesse | **tasa de interés** | *tása de interés* |
| moneta | **moneda** | *monéda* |
| obbligazione | **obligación** | *obligaθión* |
| pagamento | **pago** | *págo* |
| percentuale | **porcentaje** | *porθentáχe* |
| prelevare | **sacar** | *sakár* |
| prelievo | **retiro** | *retíro* |
| ricevuta | **recibo** | *reθíbo* |
| rimborso | **reembolso** | *reembólso* |
| riscuotere | **cobrar** | *kobrár* |
| scadenza | **vencimiento** | *benθimiénto* |
| spese bancarie | **gastos** | *gástos* |
| spiccioli | **dinero suelto** | *dinéro suélto* |
| sportello | **ventanilla** | *bentaníglia* |
| sterlina | **esterlina** | *esterlína* |
| svalutazione | **devaluación** | *devaluaθión* |
| vaglia | **vale** | *bále* |
| valuta | **divisa** | *dibísa* |
| versamento | **ingreso de dinero** | *ingréso de dinéro* |
| versare | **ingresar** | *ingresár* |
| yen | **yen** | *ién* |

Quant'è la commissione?
**¿Cuál es la comisión?**
*kuál es la komisión*

Vorrei fare un prelievo con la carta di credito
**Quisiera sacar dinero con la tarjeta de crédito**
*kisiéra sakár dinéro kon la tarχéta de krédito*

Vorrei riscuotere questo assegno/questi travellers cheques
**Quisiera cobrar este cheque/estos cheques de viaje**
*kisiéra kobrár éste céke/éstos cékes de biáχe*

9. PRATICHE, UFFICI E SERVIZI

| | | |
|---|---|---|
| Vorrei fare un versamento di … sul conto numero … intestato a … | **Quisiera ingresar … en la cuenta número … registrada a nombre de …**<br>*kisiéra ingresár … en la kuénta número … reχistráda a nómbre de* | |
| Dove devo firmare? | **¿Dónde tengo que firmar?**<br>*dónde téngo ke firmár* | |

| | |
|---|---|
| **¿Puedo ver su documento de identidad?**<br>*puédo ber su dokuménto de identidá(d)* | Posso vedere il suo documento d'identità? |

## Istruzioni per l'uso del bancomat

| | | |
|---|---|---|
| **Introduzca su tarjeta** | *introdúθka su tarχéta* | Inserire la carta |
| **Teclee su clave secreta/número de identificación personal/PIN** | *teklée su klábe sekréta/ número de identifikaθión personál/pin* | Digitare il codice segreto |
| **Borra dato** | *bórra dáto* | Cancella dato |
| **Confirma dato** | *konfírma dáto* | Conferma dato |
| **Proceda** | *proθéda* | Esegui |
| **Reintegro/ Retirar dinero** | *reintégro/ retirár dinéro* | Prelievo |
| **Ingreso/Abono** | *ingréso/abóno* | Versamento |
| **Saldo** | *sáldo* | Saldo |
| **Operación en curso** | *operaθión en kúrso* | Operazione in corso |
| **Cancela operación** | *kanθéla operaθión* | Annulla operazione |
| **¿Desea el comprobante?** | *deséa el komprobánte* | Vuoi lo scontrino? |
| **Retire su tarjeta/ el dinero/el comprobante antes de … segundos** | *retíre su tarχéta/el dinéro/ el komprobánte ántes de … segúndos* | Ritirare la carta/i soldi/ lo scontrino entro … secondi |

# Servizi

## Telefono, fax

I telefoni pubblici funzionano solo con monete o schede (**tarjetas telefónicas**), acquistabili nei chioschi o in tabaccheria, e spesso dalla cabina si possono mandare sms, fax ed e-mail. Anche molti bar hanno un telefono a pagamento.

| | | |
|---|---|---|
| avviso di chiamata | **aviso de llamada** | *abíso de gliamáda* |
| cabina telefonica | **cabina telefónica** | *kabína telefónika* |
| carta di credito telefonica | **tarjeta de crédito telefónica** | *tarχéta de krédito telefónika* |
| cellulare/telefonino | **móvil/celular** | *móbil/θelulár* |
| centralino | **centralita** | *θentralíta* |
| chiamata | **llamada** | *gliamáda* |
| a carico del destinatario | **a cobro revertido** | *a kóbro rebertído* |
| digitare/premere | **digitar** | *diχitár* |
| elenco telefonico | **guía de teléfonos** | *ghía de teléfonos* |
| fax | **fax** | *faks* |
| fare un fax | **faxar** | *faksár* |
| linea telefonica | **línea telefónica** | *línea telefónika* |
| messaggio | **mensaje** | *mensáχe* |
| mms | **MMS** | *éme-éme-ése* |
| sms | **sms** | *ése-éme-ése* |
| inviare un sms | **enviar un sms** | *enbiár un ése-éme-ése* |
| numero telefonico | **número telefónico** | *número telefóniko* |
| comporre un numero | **marcar un número** | *markár un número* |
| operatore/centralinista | **telefonista/operador** | *telefonísta/operadór* |
| prefisso | **prefijo** | *prefíχo* |
| riagganciare | **colgar** | *kolgár* |
| ricevitore | **receptor/auricular** | *reθeptór/aurikulár* |
| rispondere | **contestar** | *kontestár* |
| scatto | **paso** | *páso* |
| scheda telefonica | **tarjeta telefónica** | *tarχéta telefónika* |
| internazionale | **internacional** | *internaθionál* |
| sim | **SIM** | *sim* |
| segreteria telefonica | **contestador automático** | *kontestadór automátiko* |

| | | |
|---|---|---|
| tariffa | **tarifa** | *tarífa* |
| tasto | **tecla** | *tékla* |
| telefonare | **telefonear/llamar** | *telefoneár/gliamár* |
| telefonata | **llamada/conferencia telefónica** | *gliamáda/konferénθia telefónika* |
| interurbana | **interurbana** | *interurbána* |
| internazionale | **internacional/de larga distancia** | *internaθionál/de lárga distánθia* |
| intercontinentale | **intercontinental** | *interkontinentál* |
| telefono cordless | **teléfono inalámbrico** | *teléfono inalámbriko* |

Vorrei fare una telefonata in Italia — **Quisiera llamar a Italia** *kisiéra gliamár a itália*

Mi chiami questo numero, per favore — **Póngame con este número, por favor** *póngame kon éste número por fabór*

**No contesta nadie** *no kontésta nádie* — Non risponde nessuno

**La línea está sobrecargada/Están comunicando** *la línea está sobrekargáda/están komunikándo* — È occupato

**No cuelgue, por favor** *no kuélghe por fabór* — Attenda in linea

**Le paso con...** *Le páso kon...* — Le passo la comunicazione

Qual è il prefisso per l'Italia? — **¿Cuál es el prefijo para Italia?** *kuál es el prefíχo pára itália*

È caduta la linea — **Se cortó la comunicación** *se kortó la komunikaθión*

Vorrei chiamare il numero... a carico del destinatario — **Quisiera llamar el número... a cobro revertido** *kisiéra gliamár el número... a kóbro rebertído*

Dov'è un telefono pubblico? — **¿Dónde hay un teléfono público?** *dónde ái un teléfono públiko*

Come si usa questo telefono? — **¿Cómo se usa este teléfono?** *kómo se úsa éste teléfono*

Servizi

| | | |
|---|---|---|
| **Con monedas/Con tarjeta**<br>*kon monédas/kon tarχéta* | | Con le monete/<br>Con la scheda |
| Dove posso comprare una scheda? | **¿Dónde puedo comprar una tarjeta telefónica?**<br>*dónde puédo komprár úna tarχéta telefónika* | |
| Vorrei una scheda internazionale | **Quisiera una tarjeta internacional**<br>*kisiéra una tarχéta internaθionál* | |
| Ci sono fasce orarie a tariffa ridotta? | **¿Hay horarios con tarifa reducida?**<br>*ái orários kon tarífa reduθída* | |
| Pronto? (quando si chiama) | **Oiga**<br>*óiga* | |
| Pronto! (quando si risponde) | **Dígame**<br>*dígame* | |
| Sono Rossi, vorrei parlare con il signor García | **Soy Rossi, quisiera hablar con el señor García**<br>*sói róssi kisiéra ablár kon el segnór garθía* | |
| **Lo siento, pero no está**<br>*lo siénto péro no está* | | Mi spiace, non c'è |
| **Vuelva a llamar más tarde**<br>*buélba a gliamár mas tárde* | | Richiami più tardi |
| **Se ha equivocado de número**<br>*se a ekibokádo de número* | | Ha sbagliato numero |
| **¿Quién es/habla?**<br>*kién es/ábla* | | Chi parla? |
| **Le habla el contestador automático de … Dejen un mensaje después de la señal**<br>*le ábla el kontestadór automátiko de … déχen un mensáχe después de la segnál* | | Questa è la segreteria telefonica di … Lasci un messaggio dopo il segnale acustico |
| Da dove posso spedire un fax? | **¿Desde dónde puedo enviar un fax?**<br>*désde dónde puédo enbiár un facs* | |

## *Cellulare*

| | |
|---|---|
| Non la sento | **No oigo**<br>*no óigo* |
| Non c'è campo | **No hay cobertura**<br>*no ái kobertúra* |

| | | |
|---|---|---|
| Parli più forte, per favore | **Hable más alto, por favor** *áble mas álto por fabór* | |
| Può ripetere, per favore? | **¿Puede repetir, por favor?** *puéde repetír por fabór* | |

| | |
|---|---|
| **El cliente al que ha llamado usted no puede atenderle en estos momentos** *el kliénte al ke a gliamádo usté(d) no puéde atendérle en éstos moméntos* | Il cliente al momento non è raggiungibile |
| **Estamos transmitiendo su llamada al buzón de voz del número ...** *estámos transmitiéndo su gliamáda al buθón de boθ del número* | Stiamo trasferendo la sua chiamata alla segretera telefonica del numero ... |

## Computer, Internet, posta elettronica

| | | |
|---|---|---|
| accendere | **encender** | *enθendér* |
| allegato | **anexo** | *anékso* |
| antivirus | **antivirus** | *antibírus* |
| applicazione | **aplicación** | *aplikaθión* |
| archiviare | **archivar** | *arcibár* |
| attaccare la spina | **enchufar** | *enciufár* |
| banca dati | **banca de datos** | *bánka de dátos* |
| barra degli strumenti | **barra de herramientas** | *bárra de erramiéntas* |
| blog | **blog** | *blog* |
| browser | **navegador/** | *nabegadór* |
| cancellare | **borrar** | *borrár* |
| caricare | **cargar** | *kargár* |
| cartella | **carpeta** | *karpéta* |
| cavo | **cable** | *káble* |
| CD-Rom | **CD-Rom** | *θederóm* |
| cestino | **papelera de reciclaje** | *papeléra de reθikláχe* |
| chat | **chat** | *ciat* |
| chiavetta USB da 8 GB | **pen drive/llave USB de 8 GB** | *pen dráiv/gliábe u-ése-be de ócio χigabáits* |
| chiocciola | **arroba (@)** | *arróba* |
| ciberspazio | **ciberespacio** | *θiberespáθio* |
| cliccare su | **clicar en/hacer clic en** | *klikár en/aθér klik en* |

| | | |
|---|---|---|
| computer | **ordenador/ computadora** | *ordenadór/ komputadóra* |
| personal computer | **ordenador/ computadora personal** | *ordenadór/komputadóra personál* |
| computer portatile | **ordenador/ computadora portátil** | *ordenadór/komputadóra portátil* |
| connessione | **conexión** | *koneksión* |
| connettere/collegare | **connectar** | *konektár* |
| copiare | **copiar** | *kopiár'* |
| cursore | **cursor** | *kursór* |
| digitare | **digitar** | *diχitár* |
| disco rigido | **disco duro** | *dísko dúro* |
| disconnettere | **desconectar** | *deskonektár* |
| dispositivo mobile | **dispositivo móvil** | *dispositíbo móbil* |
| documento | **documento** | *dokuménto* |
| drive | **unidad de disco** | *unidá(d) de dísko* |
| e-mail | **correo electrónico/ e-mail** | *korréo elektróniko/i-máil* |
| indirizzo e-mail | **dirección de correo electrónico** | *direkθión de korréo elektróniko* |
| file | **fichero** | *ficéro* |
| in formato PDF | **en formato PDF** | *en formáto pe-de-éfe* |
| finestra | **ventana** | *bentána* |
| formattare | **formatear** | *formateár* |
| gestore | **proveedor/gestor** | *probeedór/χestór* |
| grafica | **gráfica** | *gráfika* |
| hardware | **hardware** | *χárduer/hárduer* |
| home page | **página principal** | *páχina prinθipál* |
| icona | **icono** | *ikóno* |
| incollare | **pegar** | *pegár* |
| inoltrare | **reenviar** | *reenbiár* |
| interfaccia | **interfaz** | *interfáθ* |
| Internet | **Internet** | *internét* |
| cercare su Internet | **buscar en el web** | *buskár en el uéb* |
| navigare in Internet | **navegar** | *nabegár* |
| Internet café | **cibercafé** | *θiberkafé* |
| invio | **envío** | *embío* |
| lettore CD | **lector CD-Rom** | *lektór θederóm* |
| link | **enlace** | *enláθe* |

| | | |
|---|---|---|
| masterizzatore | **masterizador** | *masteriθadór* |
| memoria | **memoria** | *memória* |
| capacità di memoria | **capacidad de memoria** | *kapaθidá(d) de memória* |
| menu | **menú** | *menú* |
| modem | **modem** | *módem* |
| monitor | **monitor** | *monitór* |
| motore di ricerca | **motor de búsqueda** | *motór de búskeda* |
| mouse | **ratón** | *ratón* |
| pagina web | **página web** | *páχina uéb* |
| portale | **portal** | *portál* |
| posta elettronica | **correo electrónico** | *korréo elektróniko* |
| messaggio di posta elettronica | **mensaje de correo electrónico** | *mensáχe de korréo elektróniko* |
| programma | **programa** | *prográma* |
| rete | **red** | *red* |
| riavviare | **reiniciar** | *reiniθiár* |
| ricevere | **recibir** | *reθibír* |
| rispondere | **contestar** | *kontestár* |
| salvare | **salvar** | *salbár* |
| scanner | **escáner** | *eskáner* |
| scansione | **escaneado** | *eskaneádo* |
| eseguire una scansione | **ejecutar un escaneo** | *eχekutár un eskanéo* |
| scaricare | **descargar** | *deskargár* |
| schermo | **pantalla** | *pantáglia* |
| selezionare | **seleccionar** | *selekθionár* |
| server | **servidor** | *serbidór* |
| sistema operativo per dispositivo mobile | **sistema operativo para dispositivo móvil** | *sistéma operatíbo pára dispositíbo móbil* |
| sito | **sitio** | *sítio* |
| smiley/emoticon | **smiley/emoticón** | *esmáili/emotikón* |
| software | **software** | *softuér* |
| stampante | **impresora** | *impresóra* |
| laser | **láser** | *láser* |
| a getto d'inchiostro | **de chorro de tinta** | *de ciórro de tínta* |
| stampare | **imprimir** | *imprimír* |
| tastiera | **teclado** | *tekládo* |
| tasto | **tecla** | *tékla* |
| terminale | **terminal** | *terminál* |

| | | |
|---|---|---|
| URL | **URL** | *u-ére-éle* |
| uscire | **salir** | *salír* |
| utente di Internet | **usuario de Internet** | *usuário de internét* |
| videochiamata | **videollamada** | *bideogliamáda* |
| videoconferenza | **videoconferencia** | *bideokonferénθia* |
| virus | **virus** | *vírus* |
| visitare un sito | **visitar un sitio** | *visitár un sítio* |
| web | **web** | *uéb* |
| webmaster | **webmaster** | *uebmáster* |
| zippare | **compactar/zipar** | *kompaktár/θipár* |

| | |
|---|---|
| C'è la connessione a Internet? | **¿Hay conexión a Internet?**<br>*ái koneksión a internét* |
| Vorrei connettermi a Internet/mandare un'e-mail | **Quisiera conectarme a Internet/enviar un correo electrónico**<br>*kisiéra konectárme a internét/enbiár un korréo elektróniko* |
| Non riesco a collegarmi/ entrare nel sito | **No consigo conectarme con/entrar en el sitio**<br>*no konsígo konektárme kon/entrár en el sítio* |
| Sarebbe possibile mettere in rete il mio computer? | **¿Sería posible conectar mi ordenador con la red?**<br>*sería posíble konektár mi ordenadór kon la red* |
| Dove trovo un Internet Point/un Internet café? | **¿Dónde puedo encontrar un Internet Point/ un cibercafé?**<br>*dónde puédo enkontrár un internét póint/un θiberkafé* |
| Qual è la tariffa? | **¿Cuál es la tarifa?**<br>*kuál es la tarífa* |
| Questo computer ha problemi di connessione | **Este ordenador tiene problemas de conexión**<br>*éste ordenadór tiéne problémas de koneksión* |

# 10 • SALUTE E ASSISTENZA SANITARIA

## Il corpo umano

| | | |
|---|---|---|
| addome | **abdomen** | *abdómen* |
| anca | **cadera** | *kadéra* |
| appendice | **apéndice** | *apéndiθe* |
| arteria | **arteria** | *artéria* |
| articolazione | **articulación** | *artikulaθión* |
| bacino | **pelvis** | *pélbis* |
| bocca | **boca** | *bóka* |
| braccio | **brazo** | *bráθo* |
| bronchi | **bronquios** | *brónkios* |
| caviglia | **tobillo** | *tobíglio* |
| cervello | **cerebro** | *θerébro* |
| cistifellea | **vesícula biliar** | *besíkula biliár* |
| clavicola | **clavícula** | *klabíkula* |
| collo | **cuello** | *kuéglio* |
| colonna vertebrale | **columna vertebral** | *kolúmna bertebrál* |
| corpo | **cuerpo** | *kuérpo* |
| coscia | **muslo** | *múslo* |
| costola | **costilla** | *kostíglia* |
| cranio | **cráneo** | *kráneo* |
| cuore | **corazón** | *koraθón* |
| dito | **dedo** | *dédo* |
| pollice | **pulgar** | *pulgár* |
| indice | **índice** | *índiθe* |
| medio | **cordial** | *kordiál* |
| anulare | **anular** | *anulár* |
| mignolo | **meñique** | *megníke* |
| del piede | **del pie** | *del pié* |
| esofago | **esófago** | *esófago* |
| faccia/viso | **cara** | *kára* |
| faringe | **faringe** | *farínχe* |
| fegato | **hígado** | *ígado* |
| femore | **fémur** | *fémur* |

| | | |
|---|---|---|
| fianco | **costado** | *kostádo* |
| fronte | **frente** | *frénte* |
| gamba | **pierna** | *piérna* |
| ghiandola | **glándula** | *glándula* |
| ginocchio | **rodilla** | *rodíglia* |
| gola | **garganta** | *gargánta* |
| gomito | **codo** | *kódo* |
| intestino | **intestino** | *intestíno* |
| labbra | **labios** | *lábios* |
| laringe | **laringe** | *larínχe* |
| lingua | **lengua** | *léngua* |
| mano | **mano** | *máno* |
| mascella | **mandíbula** | *mandíbula* |
| mento | **mentón** | *mentón* |
| milza | **bazo** | *báθo* |
| muscolo | **músculo** | *múskulo* |
| naso | **nariz** | *naríθ* |
| nervo | **nervio** | *nérbio* |
| occhio | **ojo** | *óχo* |
| orecchio | **oreja** | *oréχa* |
| osso | **hueso** | *uéso* |
| ovaie | **ovarios** | *obários* |
| pancia | **barriga/vientre** | *barríga/biéntre* |
| pancreas | **páncreas** | *pánkreas* |
| pelle | **piel** | *piél* |
| pene | **pene** | *péne* |
| perone | **peroné** | *peroné* |
| petto | **pecho** | *pécio* |
| piede | **pie** | *pié* |
| polmone | **pulmón** | *pulmón* |
| polso | **muñeca** | *mugnéka* |
| prostata | **próstata** | *próstata* |
| rene | **riñón** | *rignón* |
| scheletro | **esqueleto** | *eskeléto* |
| schiena | **espalda** | *espálda* |
| sedere | **trasero** | *traséro* |
| seni | **pechos** | *pécios* |
| sistema nervoso | **sistema nervioso** | *sistéma nerbióso* |
| spalla | **hombro** | *ómbro* |

| | | |
|---|---|---|
| spina dorsale | **espina dorsal** | *espína dorsál* |
| stomaco | **estómago** | *estómago* |
| tallone | **talón** | *talón* |
| tendine | **tendón** | *tendón* |
| testa | **cabeza** | *kabéθa* |
| tibia | **tibia** | *tíbia* |
| tonsille | **amígdalas** | *amígdalas* |
| torace | **tórax** | *tóraks* |
| unghia | **uña** | *úgna* |
| utero | **útero/matriz** | *útero/matríθ* |
| vagina | **vagina** | *baχína* |
| vena | **vena** | *béna* |
| vertebra | **vértebra** | *bértebra* |
| vescica | **vejiga** | *beχíga* |
| | | |
| bile | **bilis** | *bílis* |
| feci | **heces** | *éθes* |
| sangue | **sangre** | *sángre* |
| urina | **orina** | *orína* |

## Malattie, traumi e sintomi

| | | |
|---|---|---|
| aborto (spontaneo) | **aborto (espontáneo)** | *abórto (espontáneo)* |
| provocato | **provocado** | *probokádo* |
| abrasione | **abrasión/escoriación** | *abrasión/eskoriaθión* |
| affanno | **jadeo/sobrealiento** | *χadéo/sobrealiénto* |
| Aids | **sida** | *sída* |
| allergia | **alergia** | *alérχia* |
| anemia | **anemia** | *anémia* |
| angina | **angina** | *anχína* |
| appendicite | **apendicitis** | *apendiθítis* |
| artrite | **artritis** | *artrítis* |
| asma | **asma** | *ásma* |
| brividi | **escalofríos** | *eskalofríos* |
| bronchite | **bronquitis** | *bronkítis* |
| bruciore di stomaco | **ardores de estomago** | *ardóres de estómago* |
| calcolo | **cálculo** | *kálkulo* |
| biliare | **biliar** | *biliár* |

| | | |
|---|---|---|
| renale | **renal** | *renál* |
| cancro | **cáncer** | *kánθer* |
| catarro | **catarro** | *katárro* |
| cistite | **cistitis** | *θistítis* |
| colesterolo | **colesterol** | *kolesteról* |
| colica | **cólico** | *kóliko* |
| colite | **colitis** | *kolítis* |
| collasso | **colapso** | *kolápso* |
| cardiaco | **cardíaco** | *kardíako* |
| coma | **coma** | *kóma* |
| commozione cerebrale | **conmoción cerebral** | *konmoθión θerebrál* |
| congestione | **congestión** | *konχestión* |
| congiuntivite | **conjuntivitis** | *konχuntibítis* |
| contusione | **contusión** | *kontusión* |
| crampi | **calambres** | *kalámbres* |
| crisi | **crisis** | *krísis* |
| diabete | **diabetes** | *diabétes* |
| diarrea | **diarrea** | *diarréa* |
| distorsione | **torcedura** | *torθedúra* |
| doglie | **dolores de parto** | *dolóres de párto* |
| dolore | **dolor** | *dolór* |
| dolori mestruali | **dolores menstruales** | *dolóres menstruáles* |
| eczema | **eccema** | *ekθéma* |
| ematoma | **hematoma** | *ematóma* |
| embolia | **embolia** | *embólia* |
| emicrania | **jaqueca** | *χakéka* |
| emorragia | **hemorragia** | *emorráχia* |
| cerebrale | **cerebral** | *θerebrál* |
| emorroidi | **hemorroides** | *emorróides* |
| epatite | **hepatitis** | *epatítis* |
| epilessia | **epilepsia** | *epilépsia* |
| ernia | **hernia** | *érnia* |
| febbre | **fiebre** | *fiébre* |
| da fieno | **fiebre del heno** | *fiébre del éno* |
| ferita | **herida** | *erída* |
| frattura | **fractura** | *fraktúra* |
| gastrite | **gastritis** | *gastrítis* |
| giramento di testa | **mareo** | *maréo* |
| gonfiore | **hinchazón** | *inciaθón* |

| | | |
|---|---|---|
| indigestione | **empacho/indigestión** | *empácio/indiχestión* |
| infarto | **infarto** | *infárto* |
| infezione | **infección** | *infekθión* |
| infiammazione | **inflamación** | *inflamaθión* |
| influenza | **gripe** | *grípe* |
| insolazione | **insolación** | *insolaθión* |
| insonnia | **insomnio** | *insómnio* |
| intossicazione | **intoxicación** | *intoksikaθión* |
| ipertensione | **hipertensión** | *ipertensión* |
| lesione | **lesión** | *lesión* |
| leucemia | **leucemia** | *leuθémia* |
| lombalgia | **lumbalgia/lumbago** | *lumbálχia/lumbágo* |
| lussazione | **luxación** | *luksaθión* |
| malattia | **enfermedad** | *enfermedá(d)* |
| autoimmune | **autoinmune** | *autoinmúne* |
| male | **dolor** | *dolór* |
| di testa | **de cabeza** | *de kabéθa* |
| di pancia | **de barriga** | *de barríga* |
| meningite | **meningitis** | *meninχítis* |
| morbillo | **sarampión** | *sarampión* |
| morsicatura | **mordedura** | *mordedúra* |
| nausea | **náusea** | *náusea* |
| nevralgia | **neuralgia** | *neurálχia* |
| orecchioni | **paperas/parotiditis** | *papéras/parotidítis* |
| otite | **otitis** | *otítis* |
| palpitazioni | **palpitaciones** | *palpitaθiónes* |
| paralisi | **paralisis** | *parálisis* |
| peritonite | **peritonitis** | *peritonítis* |
| pertosse | **tos ferina** | *tos ferína* |
| pleurite | **pleuritis** | *pleurítis* |
| polmonite | **pulmonía** | *pulmonía* |
| pressione | **presión** | *presión* |
| alta/ bassa | **alta/baja** | *álta/báχa* |
| prurito | **picazón/picor/comezón** | *pikaθón/pikór/komeθón* |
| psoriasi | **psoriasis** | *soríasis* |
| puntura d'insetto | **picadura** | *pikadúra* |
| raffreddore | **resfriado** | *resfriádo* |
| reumatismo | **reumatismo** | *reumatísmo* |
| rosolia | **rubéola** | *rubéola* |

| | | |
|---|---|---|
| scarlattina | **escarlatina** | *eskarlatína* |
| sciatica | **ciática** | *θiátika* |
| slogatura | **dislocación** | *dislokaθión* |
| starnuto | **estornudo** | *estornúdo* |
| stitichezza | **estreñimiento** | *estregnimiénto* |
| strappo muscolare | **distensión muscular** | *distensión muskulár* |
| svenimento | **desmayo** | *desmágio* |
| taglio | **corte** | *kórte* |
| tetano | **tétano** | *tétano* |
| tonsillite | **amigdalitis** | *amigdalítis* |
| tosse | **tos** | *tos* |
| trombosi | **trombosis** | *trombósis* |
| tumore | **tumor** | *tumór* |
| benigno | **benigno** | *beníghno* |
| maligno | **maligno** | *malíghno* |
| ulcera | **úlcera** | *úlθera* |
| gastrica | **gástrica** | *gástrika* |
| ustione | **quemadura** | *kemadúra* |
| varicella | **varicela** | *bariθéla* |
| vene varicose | **varices** | *baríθes* |
| verme solitario | **tenia** | *ténia* |
| vertigini | **vértigo** | *bértigo* |
| vomito | **vómito** | *bómito* |

# Dal medico

## Medici specialisti

| | | |
|---|---|---|
| medico | **médico** | *médiko* |
| specialista | **especialista** | *espeθialísta* |
| cardiologo | **cardiólogo** | *kardiólogo* |
| chirurgo | **cirujano** | *θiruχáno* |
| dermatologo | **dermatólogo** | *dermatólogo* |
| ginecologo | **ginecólogo** | *χinekólogo* |
| oculista | **oculista** | *okulísta* |
| ostetrico | **tocólogo/obstetra** | *tokólogo/obstétra* |
| otorinolaringoiatra | **otorrinolaringólogo** | *otorrinolaringólogo* |
| pediatra | **pediatra** | *pediátra* |
| urologo | **urólogo** | *urólogo* |

## Esami clinici

| | | |
|---|---|---|
| ecografia | **ecografía** | *ekografía* |
| elettrocardiogramma | **electrocardiograma** | *elektrokardiográma* |
| esame delle urine | **análisis de orina** | *análisis de orína* |
| mammografia | **mamografía** | *mamografía* |
| prelievo di sangue | **toma de sangre** | *tóma de sángre* |
| radiografia | **radiografía** | *radiografía* |
| risonanza magnetica | **resonancia magnética** | *resonánθia maghnétika* |
| TAC | **TAC (tomografía axial computerizada)** | *tak (tomografía aksiál komputeriθáda)* |

Vorrei fissare un appuntamento — **Quisiera pedir hora**
*kisiéra pedír óra*

Mio figlio è malato, può venire a visitarlo? — **Mi hijo está enfermo, ¿puede venir a visitarlo?**
*mi íχo está enférmo puéde benír a bisitárlo*

C'è un medico che parla italiano? — **¿Hay algún médico que hable italiano?**
*ái algún médiko ke áble italiáno*

Sono diabetico/epilettico — **Soy diabético/epiléptico**
*sói diabétiko/epiléptiko*

Sono malato di cuore — **Estoy enfermo del corazón**
*estói enférmo del koraθón*

Ho la diarrea/Ho vomitato più volte — **Tengo diarrea/He vomitado varias veces**
*téngo diarréa/e bomitádo bárias béθes*

Mi sento svenire/Mi gira la testa — **Me desmayo/Tengo mareos**
*me desmágio/téngo maréos*

**¿Dónde le duele?** — Dove sente dolore?
*dónde le duéle*

Mi fa male lo stomaco/la gola/una gamba — **Me duele el estómago/la garganta/una pierna**
*me duéle el estómago/la gargánta/úna piérna*

Ho dei forti dolori qui — **Tengo dolores fuertes aquí**
*téngo dolóres fuértes akí*

Non riesco a muovere il braccio — **No puedo mover el brazo**
*no puédo mobér el bráθo*

**¿Qué tipo de dolor tiene?**
*ke típo de dolór tiéne*
Che genere di dolore sente?

Ho un dolore a intervalli/continuo/lancinante
**Tengo un dolor intermitente/seguido/lancinante**
*téngo un dolór intermiténte/seghído/lanθinánte*

**¿Desde hace cuánto tiempo tiene este dolor?**
*désde áθe kuánto tiémpo tiéne éste dolór*
Da quanto tempo ha questo dolore?

Da una settimana/due giorni
**Desde hace una semana/dos días**
*désde áθe úna semána/dos días*

Ho la febbre alta/Ho 40 di febbre
**Tengo mucha fiebre/Tengo cuarenta de fiébre**
*téngo múcia fiébre/téngo kuarénta de fiébre*

**Desvístase, por favor**
*desbístase por fabór*
Si spogli, per favore

**Respire profundo**
*respíre profúndo*
Respiri profondamente

**Abra la boca**
*ábra la bóka*
Apra la bocca

**¿Qué medicamentos toma?**
*ke medikaméntos tóma*
Quali farmaci prende?

**¿Tiene alergia a algo?**
*tiéne alérχia a álgo*
È allergico a qualcosa?

Sono allergico al polline/alla penicillina
**Soy alérgico al polen/a la penicilina**
*sói alérχiko al pólen/a la peniθilína*

**Debe tomar este medicamento tres veces al día**
*débe tomár éste medikaménto tres béθes al día*
Deve prendere questa medicina tre volte al giorno

**Tiene gripe**
*tiéne grípe*
Ha l'influenza

**Tiene que hacer los análisis de sangre y de orina**
*tiéne ke aθér los análisis de sángre i de orína*
Deve fare gli esami del sangue e delle urine

**La enfermedad es contagiosa**
*la enfermedá(d) es kontaχiósa*
La malattia è contagiosa

È grave?
**¿Es grave?**
*es grábe*

| | |
|---|---|
| **Tiene que ser ingresado enseguida, llamo a una ambulancia** • *tiéne ke ser ingresádo enseghída gliámo a úna ambulánθia* | Deve essere ricoverato subito, chiamo l'ambulanza |
| **No es nada grave** *no es náda grábe* | Non è niente di grave |

| | |
|---|---|
| Preferirei un rimedio omeopatico | **Preferiría un remedio homeopático** *preferiría un remédio omeopátiko* |
| Quanto le devo? | **¿Cuánto le debo?** *kuánto le débo* |
| Mi può rilasciare una ricevuta per l'assicurazione? | **¿Puede dejarme un recibo para el seguro?** *puéde deχárme un reθíbo pára el segúro* |
| Posso avere un certificato medico? | **¿Puede hacerme un certificado médico?** *puéde aθérme un θertifikádo médiko* |

## *Problemi femminili*

| | |
|---|---|
| Sono incinta | **Estoy embarazada** • *estói embaraθáda* |
| Prendo la pillola | **Tomo la píldora** • *tómo la píldora* |
| Ho un ritardo di due settimane | **Tengo un retraso de dos semanas** *téngo un retráso de dos semánas* |
| Può prescrivermi una confezione del mio contraccettivo/la pillola del giorno dopo? | **¿Puede recetarme una caja de mi contraceptivo/ la píldora del día después?** *puéde reθetárme úna káχa de mi kontraθeptíbo/ la píldora del día después* |
| Ho delle perdite di sangue | **Tengo sangrado** *téngo sangrádo* |

| | |
|---|---|
| **Usted está embarazada** *usté(d) está embaraθáda* | Lei è incinta |
| **Usted tiene amenaza de aborto** *usté(d) tiéne amenáθa de abórto* | Rischia un aborto |

# Assistenza ospedaliera

| | | |
|---|---|---|
| ambulanza | **ambulancia** | *ambulánθia* |
| ambulatorio | **ambulatorio** | *ambulatório* |
| anestesia | **anestesia** | *anestésia* |
| assistenza sanitaria | **asistencia sanitaria** | *asisténθia sanitária* |
| benda | **venda/vendaje** | *bénda/bendáχe* |
| clinica | **clínica** | *klínika* |
| contagioso | **contagioso** | *kontaχióso* |
| convalescenza | **convalecencia** | *konbaleθénθia* |
| corsia | **crujía** | *kruχía* |
| cura | **cura** | *kúra* |
| diagnosi | **diagnosis** | *diághnosis* |
| disinfettare | **desinfectar** | *desinfektár* |
| epidemia | **epidemia** | *epidémia* |
| guarire | **sanar/recuperarse** | *sanár/rekuperárse* |
| infermiera | **enfermera** | *enferméra* |
| infermiere | **enfermero** | *enferméro* |
| ingessare | **escayolar** | *eskagiolár* |
| iniezione | **inyección** | *ingekθión* |
| laboratorio | **laboratorio** | *laboratório* |
| lettiga | **camilla** | *kamíglia* |
| letto | **cama** | *káma* |
| malato | **enfermo** | *enférmo* |
| malattia | **enfermedad** | *enférmedá(d)* |
| medicare | **curar** | *kurár* |
| medicina | **medicina/ medicamento** | *mediθína/ medikaménto* |
| operare | **operar** | *operár* |
| operazione | **operación** | *operaθión* |
| ospedale | **hospital** | *ospitál* |
| padella/ pappagallo | **cuña/chata** | *kúgna/ciáta* |
| parto | **parto** | *párto* |
| partorire | **parir/dar a luz** | *parír/dar a luθ* |
| paziente | **paciente** | *paθiénte* |
| pronto soccorso | **primeros auxilios** | *priméros auksílios* |

| | | |
|---|---|---|
| di ospedale | **urgencias** | *urχénθias* |
| reparto | **sección** | *sekθión* |
| ricetta | **receta/prescripción** | *reθéta/preskripθión* |
| sala d'attesa | **sala de espera** | *sála de espéra* |
| sala operatoria | **quirófano** | *kirófano* |
| siringa | **jeringa** | *χerínga* |
| sutura | **sutura** | *sutúra* |
| termometro | **termómetro** | *termómetro* |
| trasfusione | **transfusión** | *transfusión* |
| vaccinazione | **vacuna** | *bakúna* |
| visita | **consulta médica/ examen médico** | *konsúlta médika/ eksámen médiko* |
| visitare | **visitar** | *bisitár* |

| | |
|---|---|
| Dov'è il pronto soccorso/l'ospedale? | **¿Dónde está urgencias/el hospital?**<br>*dónde está urχénθias/el ospitál* |
| Ho le doglie | **Tengo dolores de parto**<br>*éngo dolóres de párto* |
| Dov'è il reparto di ginecologia? | **¿Dónde está el departamento de ginecología?**<br>*dónde está el departaménto de χinekoloχía* |
| Vorrei parlare con il dottor ... | **Quisiera hablar con el doctor ...**<br>*kisiéra ablár kon el doktór* |
| Preferirei essere operato in Italia | **Preferiría que me operaran en Italia**<br>*preferiría ke me operáran en itália* |
| Potete avvisare la mia famiglia? | **¿Pueden ustedes avisar a mi familia?**<br>*puéden ustédes abisár a mi família* |
| Per favore, infermiera, mi può aiutare? | **Enfermera, ¿puede ayudarme, por favor?**<br>*enferméra puéde agiudárme por fabór* |
| Quando mi dimettono? | **¿Cuándo me van a dar de/el alta?**<br>*kuándo me ban a dar de/el álta* |

## Dal dentista

| | | |
|---|---|---|
| anestesia | **anestesia** | *anestésia* |
| apparecchio per i denti | **aparato para los dientes** | *aparáto pára los diéntes* |
| ascesso | **flemón** | *flemón* |
| capsula | **cápsula** | *kápsula* |
| carie | **caries** | *káries* |
| corona | **corona** | *koróna* |
| dente | **diente** | *diénte* |
| canino | **colmillo** | *kolmíglio* |
| da latte | **de leche** | *de léce* |
| del giudizio | **del juicio** | *del χuíθio* |
| incisivo | **incisivo** | *inθisíbo* |
| molare | **muela** | *muéla* |
| dentiera/protesi | **dentadura postiza** | *dentadúra postíθa* |
| dentista | **dentista** | *dentísta* |
| devitalizzazione | **desvitalización** | *desbitaliθaθión* |
| estrazione | **extracción** | *ekstrakθión* |
| gengiva | **encía** | *enθía* |
| gengivite | **gingivitis** | *χinχibítis* |
| impronta | **molde** | *mólde* |
| infiammazione | **inflamación** | *inflamaθión* |
| nervo | **nervio** | *nérbio* |
| otturare | **empastar** | *empastár* |
| otturazione | **empaste** | *empáste* |
| palato | **paladar** | *paladár* |
| ponte | **puente** | *puénte* |
| radice | **raíz** | *raíθ* |
| smalto | **esmalte** | *esmálte* |
| tartaro | **sarro** | *sárro* |
| trapanare | **trepanar** | *frésar* |
| trapano | **fresa** | *frésa* |

Ho mal di denti — **Tengo dolor de muelas** • *téngo dolór de muélas*

Vorrei fissare un appuntamento, è urgente — **Quisiera pedir cita urgente** *kisiéra pedír θíta urχénte*

| | |
|---|---|
| Mi fa male qui | **Me duele aquí**<br>*me duéle akí* |
| Può ripararmi la dentiera? | **¿Puede arreglarme la dentadura postiza?**<br>*puéde arreglárme la dentadúra postíθa* |
| Mi si è spezzato un dente | **Se me ha roto un diente**<br>*se me a róto un diénte* |
| Mi è saltata l'otturazione | **Se me ha salido el empaste**<br>*se me a salído el empáste* |
| Può farmi una riparazione provvisoria? | **¿Puede hacerme un arreglo provisional?**<br>*puéde aθérme un arréglo probisionál* |
| Può farmi/deve farmi l'anestesia? | **¿Puede hacerme/Tiene que hacerme una anestesia?**<br>*puéde aθérme/tiéne ke aθérme úna anestésia* |

| | |
|---|---|
| **Abra la boca**<br>*ábra la bóka* | Apra bene la bocca |
| **Dígame cuando le duele mucho**<br>*dígame kuándo le duéle múcio* | Mi dica quando fa molto male |
| **Hay una caries**<br>*ái úna káries* | C'è una carie |
| **Hay que extraer/sacar esta muela**<br>*ái ke ekstraér/sakár ésta muéla* | Bisogna togliere questo dente |
| **Puede enjuagar la boca**<br>*puéde enχuagár la bóka* | Sciacqui pure |
| **Apriete fuerte los dientes**<br>*apriéte fuérte los diéntes* | Stringa forte i denti |
| **No mastique por este lado durante un par de horas**<br>*no mastíke por éste ládo duránte un par de óras* | Non mastichi da questo lato per un paio d'ore |

# In farmacia

Per gli articoli relativi all'igiene personale e alla cosmesi rinviamo anche a *Fare la spesa*, nella sezione *4. Alloggio e soggiorno*, e a *Profumeria* nella sezione *7. Shopping*.

| | | |
|---|---|---|
| acqua distillata | **agua destilada** | *água destiláda* |
| acqua ossigenata | **agua oxigenada** | *água oksiχenáda* |
| alcol | **alcohol** | *alcól* |
| analgesico | **analgésico** | *analχésiko* |
| antibiotico | **antibiótico** | *antibiótiko* |
| antipiretico | **antipirético** | *antipirétiko* |
| aspirina® | **aspirina** | *aspirína* |
| assorbenti | **compresas** | *komprésas* |
| interni | **tampones** | *tampónes* |
| benda | **venda** | *bénda* |
| calmante/sedativo | **calmante/sedante** | *kalmánte/sedánte* |
| cerotto | **tirita** | *tiríta* |
| anticoncezionale | **parche anticonceptivo** | *párce antikonθeptíbo* |
| collirio | **colirio** | *kolírio* |
| compressa | **comprimido** | *komprimído* |
| contenitore (per urina) | **contenedor de orina** | *kontenedór de orína* |
| contraccettivo | **anticonceptivo/ anticoncepcional** | *antikonθeptíbo/ antikonθepθionál* |
| cotone idrofilo | **algodón** | *algodón* |
| disinfettante | **desinfectante** | *desinfektánte* |
| farmacia | **farmacia** | *farmáθia* |
| farmacista | **farmacéutico** | *farmaθéutiko* |
| fiala | **ampolla** | *ampóglia* |
| garza | **gasa** | *gása* |
| gocce | **gotas** | *gótas* |
| insulina | **insulina** | *insulína* |
| lassativo | **laxante** | *laksánte* |
| medicina | **medicamento** | *medikaménto* |
| omeopatica | **homeopático** | *omeopátiko* |
| pannolini per bimbi | **pañales** | *pagnáles* |
| penicillina | **penicilina** | *peniθilína* |
| paracetamolo | **paracetamol** | *paraθetamól* |

| | | |
|---|---|---|
| pastiglia | **pastilla** | *pastíglia* |
| pillola | **píldora** | *píldora* |
| anticoncezionale | **anticonceptiva** | *antikonθeptíba* |
| pomata | **pomada** | *pomáda* |
| preservativo | **preservativo** | *preserbatíbo* |
| ricetta | **receta** | *reθéta* |
| sciroppo | **jarabe** | *χarábe* |
| siringa | **jeringa** | *χerínga* |
| soluzione fisiologica | **suero fisiológico/ solución salina normal** | *suéro fisiolóχiko/ soluθión salína normál* |
| sonnifero | **somnífero** | *somnífero* |
| supposta | **supositorio** | *supositório* |
| termometro | **termómetro** | *termómetro* |
| tubetto | **tubo** | *túbo* |
| vitamina | **vitamina** | *bitamína* |

| | |
|---|---|
| Dov'è la farmacia di turno più vicina? | **¿Dónde está la farmacia de turno más cercana?** *dónde está la farmáθia de túrno mas θerkána* |
| Mi dia qualcosa contro il mal di denti/mal di testa | **Quisiera algo contra el dolor de muelas/de cabeza** *kisiéra álgo kóntra el dolór de muélas/de kabéθa* |
| Mi fa male un orecchio | **Me duele un oído** • *me duéle un oído* |
| Avete qualcosa per i dolori mestruali/ la diarrea/le punture d'insetti? | **¿Tienen algo contra los dolores menstruales/ la diarrea/las picaduras de insectos?** *tiénen álgo kóntra los dolóres menstruáles/ la diarréa/ las pikadúras de inséktos* |
| Soffro di stitichezza | **Sufro de estreñimiento** • *súfro de estregnimiénto* |
| Ho una terribile nausea | **Tengo una náusea terrible** • *téngo úna náusea terríble* |
| In Italia prendo questa medicina. Avete qualcosa di simile? | **En Italia tomo este medicamento. ¿Tienen ustedes algo parecido?** *en itália tómo éste medikaménto tiénen ustédes álgo pareθído* |

**Para este medicamento se necesita receta** *pára éste medikaménto se neθesíta reθéta* — Per questa medicina ci vuole la ricetta medica

| | |
|---|---|
| Sono incinta. Ci sono controindicazioni? | **Estoy embarazada. ¿Hay contraindicaciones?** *estói embaraθáda ái kontraindikaθiónes* |

Quante volte al giorno devo prendere questa medicina? **¿Cuántas veces al día tengo que tomar este medicamento?** • *kuántas béθes al día téngo ke tomár éste medikaménto*

| | |
|---|---|
| **Una vez/Dos veces al día** *úna beθ/dos béθes al día* | Una volta/due volte al giorno |
| **Antes/Después de comer** *ántes/después de komér* | Prima dei pasti/ Dopo i pasti |

## Fogli illustrativi dei medicinali

| | | |
|---|---|---|
| **Bebés/ Niños/Adultos** | *bebés/ nígnos/adúltos* | Bambini molto piccoli/ Bambini/Adulti |
| **Composición** | *komposiθión* | Composizione |
| **Posología: un comprimido tres veces al día/cada ocho horas** | *posoloχía un komprimído tres béθes al día/káda ócio óras* | Posologia: una compressa tre volte al dì/ogni otto ore |
| **No sobrepase las dosis aconsejadas** | *no sobrepáse las dósis akonseχádas* | Non superare le dosi consigliate |
| **Caducidad** | *kaduθidá(d)* | Scadenza |
| **Contraindicaciones** | *kontraindikaθiónes* | Controindicazioni |
| **Efectos secundarios** | *eféktos sekundários* | Effetti collaterali |
| **Puede causar somnolencia** | *puéde kausár somnolénθia* | Può causare sonnolenza |
| **Modo de empleo** | *módo de empléo* | modalità d'uso |
| **Sólo para uso externo** | *sólo pára úso ekstérno* | Solo per uso esterno |
| **Uso interno/tópico** | *úso intérno/tópiko* | Uso interno/esterno |
| **En ayunas/después de las comidas** | *en aiúnas/después de las komídas* | A digiuno/ a stomaco pieno |
| **Agitar antes de usar** | *aχitár ántes de usár* | Agitare prima dell'uso |
| **Almacenar/Conservar lejos de la luz/ de la humedad** | *almaθenár/konserbár léχos de la luθ/ de la umedá(d)* | Conservare al riparo dalla luce/ dall'umidità |
| **Se vende sólo previa presentación de receta médica** | *se bénde sólo prébia presentaθión de reθéta médika* | Venduto dietro presentazione di ricetta medica |

# I miei appunti

# I miei appunti

# I miei appunti

FSC
www.fsc.org
MISTO
Carta
da fonti gestite in
maniera responsabile
FSC® C005461

Finito di stampare nel marzo 2024
da Rotolito SpA
Seggiano di Pioltello (MI)